后院

朱启臻 著

发展什么样的农业

中原农民出版社
·郑州·

图书在版编目（CIP）数据

后院 / 朱启臻著 . —郑州 : 中原农民出版社 ，2021.3
ISBN 978-7-5542-2408-3

Ⅰ. ①后… Ⅱ. ①朱… Ⅲ. ①三农问题－研究－中国
Ⅳ. ①F32

中国版本图书馆CIP数据核字（2021）第058036号

后 院
HOUYUAN

出 版 人：刘宏伟
策划编辑：段敬杰
责任编辑：侯智颖
责任校对：李秋娟
责任印制：孙 瑞
封面设计：陆跃天
版式设计：薛 莲

出版发行：中原农民出版社
地址：郑州市郑东新区祥盛街 27 号　　邮编：450016
电话：0371-65713859（发行部）　0371-65788651
经　　销：全国新华书店
印　　刷：保定市西城胶印有限公司
开　　本：710mm × 1010mm　1/16
印　　张：16.5
字　　数：149 千字
版　　次：2021 年 8 月第 1 版
印　　次：2022 年 4 月第 2 次印刷
定　　价：60.00 元

前言

自中华人民共和国成立，百废待兴之日起，共和国几代领导人带领全国人民为消除饥饿进行艰难探索和不懈努力，今天，我们可以自豪地说，中国人不仅可以自己养活自己，而且对世界农业做出了贡献。这个贡献，包括数千年传统农业文化智慧，也包括农业经营模式的探索，特别是可持续农业的经验。

但是，我们也必须看到，我国农业发展基础还很薄弱，离农业强国还有一定差距。70多年来，中国农业获得长足进步，同时也存在诸多风险。这些风险不仅来源于自然界，更主要来源于我们对农业的认识。如今，“手里有粮，心中不慌”，已经是人们的共识，但是如何实现中国农业的可持续发展，把中国人的饭碗牢牢端在自己手上，还存在诸多认识的误区。有人认为，中国可以放松耕地保护，利用世界粮食市场保证国家农业安全，殊不知，中国人的饭碗交给其他国家存在巨大风险性；

有人提出模仿西方的大农场，把农民的土地流转给公司或者由集体统一经营，搞所谓规模化，实际上是排斥农民农业主体地位，把农业推向危险的边缘；还有人主张让农民去闯市场，殊不知，农业的周期性、季节性、生命性等特点，决定了市场调节农产品生产具有滞后性，就像盲人骑瞎马，是对农业和农民不负责任的表现。

所有这些误区，源于对农业特点不了解，或者把其他行业的经验简单移植到农业上。因此，发展现代农业、防范农业风险，前提是了解农业。

本书从介绍农业自然科学特点开始，并由此延伸至农业的社会学特征，这是人们常常忽视的。农业的自然科学特点，决定了农民农业生产主体地位的不可替代性；农业的社会学特征，决定了政府支持农业政策的不可替代性。农业离不开农民，任何时候违背了这个原则，农业就会遭受挫折和失败。这也是为什么，中央一贯坚持农户经营和承包关系长久不变的重要原因。习近平总书记告诫我们，“农民的地农民种是必须坚持的基本取向”[①]，农村土地承包关系要保持稳定，农民的土地不要随便动。

---

① 习近平关于“三农”工作论述摘编，中共中央党史和文献研究院编，中央文献出版社，2019 年版，第 92 页。

这是大历史，不是一时一刻可以看明白的。在这个问题上，我们要有足够的历史耐心。

对于农户经营存在的问题,需要通过组织创新来解决。但是，任何创新都不能以否定农民主体为代价。有些“创新”，以鼓励掠夺使用土地的短期行为为特征，因此是不可持续的；有些“创新”，表面上被赋予了一个新概念，实则是违背农业规律，走回头路，必然是失败的；有些“创新”，貌似现代化，实则违背农业基本特点，因此是危险的。

在本书里，我们用大量的篇幅，讲了三个关系，农民与农业的关系，农业与政府的关系，政府与农民的关系。旨在给人们提供一个思考：中国到底应该走什么样的农业道路，才符合农业本来的面目和中国的实际？也提出了两个判断作为衡量未来农业道路的标准：一是看其是否坚持了农民主体地位，二是看是否有利于国家农业安全和可持续发展。以此审视形形色色的农业模式创新，符合这两个条件的，一般是健康的，有益的，可持续的；违背这两个最基本标准，则往往是不可持续的、危险的，甚至会带来灾难的后果。

朱启臻

2020 年 3 月 15 日

目录

农业是个大家都熟悉的话题，但又是特别需要大家再熟悉一下的话题。因为就在大家熟悉的各种判断背后，引发了一系列农业问题。换句话说，这种大家都熟悉的惯性，致使农业遭受了诸多挫折。按照既定熟悉的知识理解农业，即使撞了南墙也不回头，所以出现了一错再错、错上加错的现象，甚至为了弥补一个错误而制造出更多麻烦。由于很多人接受了似是而非的、人云亦云的农业认识，致使中央很多好政策在执行过程中打了折扣，或者执行中走了样，甚至还会把走入歧途的行为当成创新来标榜，农民把这种现象称为“歪嘴和尚念经”。

因此，我们有必要以一种通俗的形式，普及农业基本知识和基本发展理念，探讨农业到底有什么样的特点，存在什么样的规律。如果我们把握了农业的固有特点，按照规律办事，无论采取怎样的发展农业措施，都万变不离其宗，农业就会沿着健康的方向发展。如果认识不到农业特点和规律，就会想当然地把农业推向危险境地。而这正是目前存在的极大危险。

第一章

农业特性与农民主体

我们先谈什么是农业。有人会说，这还用你讲吗，人人都知道。实际上，大多数人对农业只知其一，不知其二。还是从最基本概念说起。教科书上说，农业是人类有意识地利用生物的生长机能以获得人类生活所必需的食物和其他物质资料的社会活动。农业是人类生存的基础，没有农业人类社会就难以存在，这是最简单的道理。农业发展受多种规律的支配，如生物学规律规定了农业生产所面对的对象是有生命体，不了解其生长发育规律是难以理解农业特点的；经济学规律规定了农业的经济价值，它在很大程度上影响着农民的行为和农业的方向；农业也受到社会文化的支配，社会发展规律通过政策影响农业发展，文化通过农民的生产、生活方式作用于农业。此外，生态学的规律、伦理学的规律也都对农业发生作用。只有明确农业系统的整体结构，掌握影响农业的各类因素，才能科学地认识农业发展中的问题。

第一节 农业及其生产的自然特性

“农业是人类通过社会生产劳动，利用自然环境提供的条件，促进和控制生物体（包括植物、动物和微生物）的生命活动过程来取得人类社会所需要的产品的生产部门。”这是被人们广泛接受的农业定义，这个定义告诉我们农业生产受两个自然规律的制约：一是自然环境变化和分布规律，二是生物的生命规律。这两个规律决定了农业生产具有四个特性：生命性、季节性、周期性和地域性。

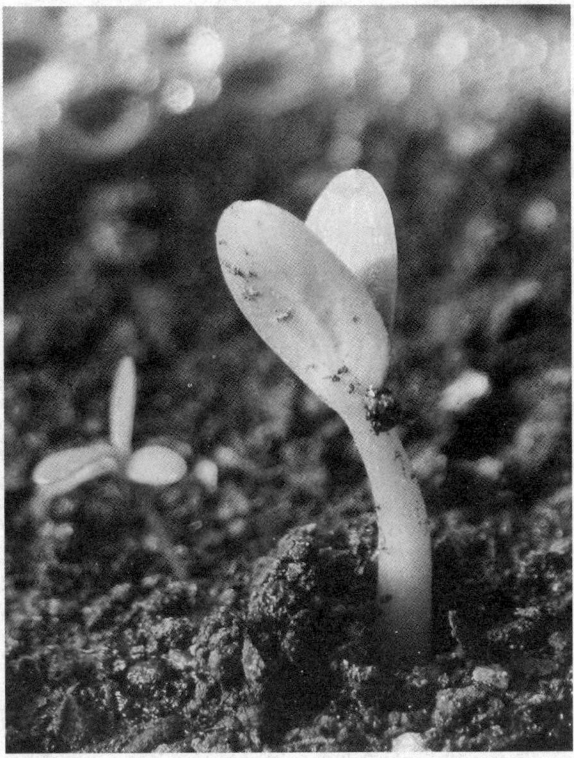

农业生命体需要精心呵护才能生根结果

1. 农业劳动对象的生命性

农业劳动对象无论是植物、动物、微生物还是土壤，都与生物有机体相关。农业就是人类利用生物有机体的生命活动，将外界环境中的物质和能量转化为各种动植物产品，满足人们需要的活动。这与工业对象是钢铁、矿石等无生命的物质是完全不同的。植物在生长、繁殖过程，要从环境中获得二氧化碳、水和矿物质，通过光合作用将它们转化为有机物质供自身生长、繁殖；家禽、家畜则是以植物(或动物)产品为食物，通过消化合成作用转化为自身所需的物质以维持自身的生长、繁殖，将植物性产品转化成动物性产品。由动物产生的排泄物和废弃物又返回到土壤中去，经过微生物分解成植物的营养来源。形成了以土壤为载体的植物、动物(包括人类)、微生物之间的生命循环。缺少任何一个环节，农业发展都会陷入不可持续的危机。人类通过劳动可以改变这些有机体生长、繁殖的环境条件，或者直接干预其生长和繁殖过程，从而获得自己生活、生产和发展所需要的食物和其他物质资料。随着科学技术的发展，人类对动植物生长发育规律的认识日益深入，改变动植物生长发育过程及其环境条件的手段日益加强，农业生产提供的动植物产品也日益丰富。但是，无论如何，农业对象的生命性是不可改变的，起码目前还不可能像工业生产水泥那样，开动机器就可以生产出面粉和肉蛋奶制品。

既然，农业对象是生命体，对待生命就需要最起码做到以下两点：一是精心呵护。如作物在生长过程中要经历发芽、生长、开花、结果、成熟、采收等环节。这就有了相应的一系列的农事活动，适宜时期的播种、适时浇水、及时排涝、合理施肥、防治病虫害、适时采收、科学储存等，每个环节都有严格的时序规定、适宜的措施方法、严格的质量要求，而且饱含风险，作物得不到有效照料就会前功尽弃。采收以后的储存，也因其生命性与无生命物质是完全不同的，特别是鲜活农产品，有的储存的时间只有一两天，采收回来不及时利用或卖不出去，又没有储存设备，就会烂掉。二是创造良好的生长环境。环境包含了影响生产、储存、运输农产品的很多要素，日照、温度、水分、氧气、二氧化碳、土壤等。以土壤质量为例，对农产品品质影响极大。作物的生命性要求多施有机肥，到今天，仍然无法用人工合成品来代替有机肥。因此，要把种植业与养殖业结合起来，缺少养殖业这一环节，土壤中的有机质和无机养分会很快消耗殆尽，土地不再适宜耕作，农业的生命循环就会中止。

因为农业对象的生命性特点，我们需要思考这样的问题：

谁才能为农业生命体提供最及时和最体贴的照料？谁才能成为耕地的“保护神”？

2. 农业生产的周期性

为什么农业生产具有周期性呢？

首先，是农业生产对象的生命性决定了其周期性，无论植物还是动物，作为生命物质都要经历从生到死的生命周期过程，一棵玉米从种子的发芽、生长、开花、结果，再到成熟的过程称为一个生命周期。动物的生命周期是指从出生、生长发育、繁殖到死亡。不同的物种,其生命周期是不一样的,有的几十天，有的数十年。除了生命周期，周期性还表现在一年四季的生长周期，多年生植物，生命周期是多年，但开花至结果的生产周期则是一年内完成的。

其次，气候的变化也具有周期性。一年四季温度、降水、光照，不同季节是不同的，春、夏、秋、冬，周而复始。由于农作物生长发育受热量、水分、光照等自然因素影响，这些自然因素随季节而变化，呈现一定的周期性。

农业的神奇，就在于长期自然进化和人工选择的结果，人们发现和培育了一批生长周期与大自然周期性相吻合的作物类型。像桃树，它选择在阳春三月、春回大地的日子里开花，从第一朵桃花点亮娇蕊，就注定了满山遍野的燃烧、春光灿烂的盛世。到了夏季月份，桃子成熟了，果实累累，完成一个生长周期（不是桃树的生命周期）。而柿子，从开花到果实成熟可以长达8个月之久，已经冬雪纷飞了，柿子还可以挂在枝头。像秋粮作物，春天温度上升了，开始播种；秋天，天气转凉了，粮食成熟。春种秋收，周而复始。有些作物还要经过特殊阶段才能开花结果，如冬小麦生产周期中需要经过春化阶段、光照阶段，落叶果树需要经过一定的低温条件，解除休眠后才能正常萌芽生长。

农业生产的周期性给我们两个启示：第一，做农业急不得，因为有周期性，从开花到结果，不能越过任何一个环节，所以农业不能揠苗助长，农民要有耐性。第二，由于农业生产周期性的存在，人们不能任意调整种植、养殖内容。农民不会在玉米长一半的时候，再改种高粱，也不会把地里长的鸭梨，直接改成苹果。这是周期性决定的。由于农业生产的周期性，还诱发农产品市场的周期性。如大家常说的“猪周期”：当生猪过量时，价格低迷没有利润，甚至出现严重亏损，这时候会有很多养猪户大量淘汰母猪，致使生猪供应减少，肉价上涨；当肉价涨到一定水平，养猪的利润可观，很多人看到有利可图，又会陆续加入养猪行业，母猪存栏量大增，生猪供应随之增加，肉价再次下降，如此反复。“价高伤民，价贱伤农”的农业怪圈，主要是农业的周期性导致的。

有人说要让农民根据市场调整自己应该种什么，什么赚钱种什么。根据农业生产的周期性原理，我们思考这样的提法现实吗？或者说，农民有能力根据市场情况来调整自己的生产内容吗？进一步追问，谁有能力告诉农民明年种什么能赚钱？

3. 农业生产的季节性

与周期性相联系的是农业生产的季节性，也是由两个因素决定：气候的周期性和作物的生长周期。这两个因素共同决定农业生产的季节性特点，在我国，越往北方季节性越明显。农谚“人误地一时，地误人一年”，表明农民早就懂得农业季节的重要性。当然，也有些人不懂这个道理，他们认为在农业上是每天都可播种，随时都可以收割的，这不是笑话。农业生产的季节性带来的重要启示，就是不误农时，为此中国人还制定了二十四节气，形成了许多指导农业生产的谚语，如华北地区有这样的农谚，“头伏萝卜二伏菜，三伏只得种荞麦”，“白露早，寒露迟，秋分麦子正当时”，诸如此类，都是提醒人们什么节气应该干什么。错过了季节导致的损失是后来的任何努力都不能弥补的。

季节性给农民带来的最显著影响是农忙和农闲，无论是播种还是收获，都有极强的时效性。在黑龙江的很多农村，一场春雨就是播种的好时节，这个时间播种，一年收成就有了希望；这个时间耽误了播种，一年收成就泡汤了。收获也是一样，经过一年的努力，丰收在望了，必须在短时间完成收获。不按时收获面临两个危险：一是过分成熟，烂在地里，蔬菜、甘薯、水果、大豆等都是如此；二是面临各种无法抗拒的灾害，像华北地区的小麦，收割时间只有 10 天左右，这期间会面临很多灾害，降雨、冰雹、大风等，每一个灾害都可能让几个月的辛勤劳动付之东流。所以，对农业来说，“一分耕耘，一分收获”的说法只有在风调雨顺的年景才成立。因此，农民常常要“龙口夺粮”，一到抢收、抢种季节，那就是天不分昼夜，人不分老幼，全家老少齐上阵。农闲的季节相对轻松，负责看护和必要的田间管理。

农业生产的季节性会带来劳动力的季节性紧张，致使一些农业企业损失惨重。我常常列举的一个案例：一个企业家在政府帮助下，流转了一座山的花椒，有可行性分析论证，每年可获利千万元。但是到了秋天花椒采收时节，该企业主突然意识到，采花椒需要雇大量劳动力。正值农忙季节，每个农户起早贪黑，哪里有闲人受雇来采花椒。老年人干不动了,年轻人在城里打工,就这样,作为生命体的花椒由于等不到农闲时的到来,落地了,一年收成损失了。不是说规模化可以获得规模效益吗?那常常是不了解农业的人想当然地理解了规模化。

农业生产季节性特点看似简单,好像只要不违农时,顺其自然,便无大碍,但要在农业生产诸多环节、细节上落实好时序的规定性,还需要对季节特点有进一步的理解与把握,我在农村调研时遇到一个案例:一个平原村,按高标准农田要求,配套建设了5口机井,可是到了急需给小麦浇水时,却有1口机井出了故障,村民赶紧凑钱请人抢修,最终还是错过了最佳浇水时期,使上百亩小麦因得不到及时灌溉而减产。因此,农业生产的季节性,也意味着农业生产过程的预见性,必须提前准备,“临时报佛脚”难以跟上季节性节奏。

根据农业生产的季节性,我们可以思考很多问题:什么样的农业组织形式最适合农业生产?有没有办法解决农业生产的季节性带来的劳动力危机?机械化可以克服农业生产的季节性劳动力紧张吗?

4. 农业的地域性

两个因素决定了农业的地域性:一是农业生产是在土地上

进行的，土地是具有地域性的生产资料，特点是不能被移动，其使用价值不仅取决于光、热、水、气等自然要素相互结合，也取决于该土地所处位置和地理环境。土地生产力在空间范围内和时间过程中有很大的差异和变化，使农业形成了地域性特点。二是农业生产最主要的能源是太阳能。太阳辐射能的数量在空间范围内和时间过程中也存在巨大差异和变化。这种差异和变化，既影响生物生长状况，也影响农业类型的时空分布。地理环境和太阳能分布特点，共同构成了农业的地域性特征，所以出现了鱼米之乡、大豆之乡、水果之乡、蔬菜之乡等地域农业差异，也有了山地农业、平原农业、丘陵农业等差别。显然，香蕉、荔枝等只有在热带、亚热带才能生长，而苹果、板栗则在北方品质最好；特殊区域会有特殊农业类型，继而生产出特殊品质的农产品，形成所谓“区域农业”“地理标志”产品。

我们说的特色农业正是天时、地利、人和在农业类型上的具体表现。首先，特色农业是在特定气候和地理环境下、凭借独特资源条件形成的独特品种。不可替代和复制是其重要特征之一。其次，是特定的生产方式，包含着丰富的地方经验。再次，融入了特殊的文化和诸多禁忌，使农产品带有一种神秘感。由于气候和地理环境的多样性，各地都涌现出各具特色的农业产

大峪沟村有数百年柿子栽培历史，由于所产磨盘柿独到的品质，被授予“中国磨盘柿第一村”称号

业类型。到了山东，人们挂在嘴上的农产品品牌如有烟台苹果、莱阳梨、章丘大葱、潍坊萝卜等。到了河北，人们会津津乐道地介绍：沧州金丝小枣、赵州雪花梨、迁西板栗、深州蜜桃等。任何一个地方都会有值得当地人骄傲的特色农产品。由于受小气候的影响，地域特色有时存在于狭小地域，如西湖龙井茶与被誉为"茶乡第一村"的龙井村不可分割；青田县稻鱼共生系统作为农业文化遗产的代表，其核心保护地为山水奇秀的方山乡龙现村。有时特殊品质的农产品只表现在很狭小的地理环境中，换个地方就长不出来，如秭归县的橙子，由于特殊的地理环境，可以做到一年四季采收，特别是春节期间成熟的橙子，特别受欢迎。笔者家乡位于房山区的一个小山村，那里自古以来生产柿子，由于具有多汁的特殊品质，该村被誉为"中华磨盘柿第一村"，附近的村庄也产柿子，但是只要离开这个村庄，柿子的品质就发生了变化。

正是农业的地域性，形成了种类繁多的特色农产品，请大家思考这些问题：林林总总的特色农产品是怎么被发现和培育出来的？到底什么是特色农业？为什么有些特色农产品，依然不能给农民带来实实在在的收益？

5. 农业的自然风险性

工业生产可以不受风雨旱涝等环境条件影响，可以通过精细的专业分工和标准化管理在车间中昼夜进行。农业生产（种植业）要在广袤的田野上作业，阳光、水分、土壤、空气、病虫害等，大都是难以人为控制的，必然影响农业过程和结果。包括低温、高温、干旱、洪涝、冰雹、狂风暴雨、病害、虫害以及水体、空气和土壤污染导致的中毒现象等，都可能导致农业的减产，甚至颗粒无收。现代社会人为因素的影响，如温室效应、臭氧层的破坏、酸雨等无疑也会对农业生产产生影响。这种影响通过长期积累在农业生产上反映出来。

自然灾害是经常的，大多数情况下又是不可避免的，因此，不稳定性和风险性就构成了农业生产的又一个特点。

如果农民只是从事单一农产品的生产，势必导致农业生产的高风险性，以及农民收入不稳定的局面。通过调整农业产业结构充分利用当地资源发展多种农业经营，是规避农业风险的重要措施。因此，需要正确理解农业专业化与多样化的关系，避免简单片面理解农业生产的专业化。虽然现代农业技术可以大大缩短农产品的上市时间、反季节供应以及特色农产品的异地生产等，极大地增加了农产品数量，满足了现代消费者求新求异的需求，但农业乃至整个社会却为此付出了巨大的代价。为了提高产量大量施用化肥、农药，导致土地板结、盐碱化以及农作物害虫天敌的大量减少，从而出现农产品质量下降和食品安全问题；为了生产大量反季节农产品和特色农产品而采取大量高能耗的生产方式，如蔬菜大棚、人工温室等，虽然增加了农产品市场供应、满足了现代消费者的非理性需求，但却耗费了大量的能源，带来了“白色污染”，甚至破坏了农业的生态系统，而这种高投入高能耗的农业又加大了农业生产成本，导致更大风险。

那么，农业生产如何才能减轻或避免自然风险的危害？葡萄可以通过设施避雨栽培，苹果、梨都可以套袋栽培；提高机械化程度可以抢收、抢种；也有人说规模化农业可以提高抗风险能力，那我们就思考这个问题：规模化可以避免哪些风险？

第二节 农民是农业生产的主体

前面我们介绍了农业的特性，也提出了一些需要思考的问题。这里开始试着回答这些问题。农业科学家做好科学研究、农业生产者要把地种好，农业政策的研究者要提出更符合实际的政策建议，都需要以了解农业特性为前提。为什么很多好政策难以落实，为什么会有那么多“歪嘴和尚”？不理解农业特点是其主要原因。我们关心的问题是，农业与农民的关系，进一步说，要回答没有农民的农业会发展得更好吗？

1. 农民是最适合农业的生产主体

小岗村的 18 个农民，当年贴着身家性命按手印，换来了全国农村的大包干，实现了以家庭承包经营为基础、统分结合的双层经营体制，并通过法律形式固定下来。农户经营体制的确立，不仅启动了中国的农村改革，短时间内在没有增加政府投入的情况下，依靠自身的努力解决了中国人长时期没有解决的温饱问题，而且为中国的改革开放和几十年的高速发展提供了源源不断的活力和动力。小岗村的改革为什么会成功？原因很简单，家庭经营适应了农业特点。

家庭经营适应农业生产由两个因素决定，一是农业生产特点，二是农户自身特点。

农业的生命性、周期性、季节性等特点，决定了农业生产过程需要丰富的生产经验，高度的责任感、自觉性、主动性和灵活性的劳动者。农业生产是实践性极强的活动，一个人如果不知道如何除草、如何施肥，没有农业经验，哪怕他有博士学

采茶女在自己的茶园劳动

位也难以担当一个合格的农民。同样，农业生产过程需要自觉性和责任感，农业生产者不仅对劳动对象要悉心地照料，精心呵护，还要对土地和环境负责，不能为了眼前的利益而污染土地或破坏环境。农业生产还需要劳动者具有高度的主动性和灵活性，因为每天的农事活动不能像工业生产那样预先设定，而是要根据天气、作物生长等因素综合判断和衡量，如今天本来应该去给庄稼浇水，天突然下雨了，就要停止灌溉，自己有决定改做其他农活的权利和自由。农民很不理解城市园林工人，为什么大雨就要来了，他们还在忙着给草坪浇水；老板也不理解打工的农业工人，为什么总是“偷懒”。这就是农民与非农民的区别，农业最适合的组织形式就是自己为自己劳动。

家庭作为社会的细胞，正好契合了农业生产特点。首先，家庭成员之间可以做到人适其事、事得其人，各尽所能、全力以赴。在乡村，可以看到全家男女老幼齐上阵的情景，“你挑水来我浇园”“你织布来我耕田”“带着孩子来种田”，有非常合理的自然分工，每个家庭成员都可发挥力所能及的作用。其次，家庭成员劳动是不需要监督的，他们可以把自觉性、主动性、创造性发挥得淋漓尽致。利他行为在家庭环境下得以充分体现，夫妻之间、父子之间，母亲心疼儿子，儿子心疼父亲，家庭成员能够主动为了减轻他人负担而承担更辛苦的劳动。其三，家庭环境下，劳动时间得到充分利用，农业劳动不分老少，也不分昼夜，农民没有下岗、退休、童工、迟到、早退之说，是一个自治、自律、思想独立、精神自由、有责任和担当的利益共同体。其四，农业经验的积累和传递，只有在家庭环境下才是最有效的。农民一生攻于一事，生生世世，几代人只做一门学问——种地。因为家庭环境高度一致的信仰和目标，形成了系统而丰富的地方知识。“高手在民间”这句话，只有在家庭生产环境下“高手”才能最容易被塑造出来。其五，对农业生产的责任与对家庭的责任融为一体，这种责任心在农业劳动中转化为一系列的创新，使得农民成为对新技术最敏感的群体，很多新的栽培技术、病虫害的防治方法，农膜的使用、温室大棚的发明等都是农民推动和创造的。农民的积极性和创造性的保持，只有在家庭经营环境下才能保持持久的生命力。

可以说，农民“自己为自己劳动”成本最低、效率最高、风险最小，是农户生命力最为重要的基础因素。只要农业生产特点不变，农业家庭经营的方式就不会发生变化。

但是，不容置疑的是，我们看到小农户经营存在的普遍问题是由于地块小，靠农业收入养活不了全家，强壮劳动力只能进城打工，于是兼业农民出现了。因为人们发现打工挣钱比农业生产收入更稳定、更容易，收入水平也更高，于是，种地成了“鸡肋”。调查发现，兼业农民种地的态度发生了变化，有的农民只管种和收，疏于田间管理，甚至出现了只种不收的现象。留守老人成为农业生产的主要劳动力，他们尽管对农业有感情，但力不从心，“够自己吃就行”成为很多中老年人种地的目的。在这种情况下，农民对采纳新实用技术的热情锐减，合作需求十分微弱，抛荒、撂荒现象出现，土地合理利用受到影响，现代农业生产体系难以形成，以至于未来谁种地成为社会普遍担心的问题。因此，人们形成共识，农业经营方式创新迫在眉睫。

那么，我们应该如何创新农业经营方式，选择怎样的农业发展道路呢？

2. 排斥农民主体地位的种种表现

近些年，各个地方都试图通过农业组织创新破解未来谁种地的农业难题，必须强调的是，创新的样式可以有千百种，但农业经营的正确方向只有一个，这就是坚持农民的主体地位，以否定农户经营为特征的各种创新尝试都违背农业基本特点和规律，因此失败是必然的。

貌似创新，实则排斥农民主体地位的做法，归纳起来有以下几个方面。

第一种情况是把农民变成打工者。有些地方不管是否适合当地情况，热衷于搞土地流转，崇尚“高、大、洋”，一些人嘴边经常挂着“小农户怎么能实现现代农业！”这句话，通过流转农民土地搞“招商引资”式的规模经营，或以种种理由迫使农民把土地流转给所谓“大户”，把农民排斥在农业之外。这一做法，导致了三方面的消极后果。首先，伤害了农民，农民拿着地租，有的外出打工，有的无所事事，成为游离农业经营外的边缘人。农民失去土地的同时，也失去了农业和乡村的主体地位，失去了对生产的支配或参与权利，自然也就失去了发展农业的积极性、主动性和创造性，他们不再关心农业生产和土地利用，加速了乡村的萧条和衰败。其次，伤害了农业投资者，特别是政府主导的土地流转，极大地推高地租，提高了农业生产成本，积累了农业经营风险。尽管政府通过各种专项给予投资者较大支持，但是农业企业由于缺乏内部活力，一旦失去政府支持或支持力度不够，这些公司或“大户”苦不堪言，难以为继。一些凭着热情和想象做农业的人，结果是血本无归，其积极性受到挫折和打击。其三，伤害了国家的农业安全，想当然地认为通过土地流转可以获得所谓“规模”效益，实际上收获的是规模风险，制造了规模化荒地。有的掠夺性使用土地，有的千方百计、绞尽脑汁改变耕地用途，对农业的贡献微乎其微。

第二种情况是把农民变成股东。股份制本来是个好东西，把村里土地价值资产量化为股权，均等地分配给每个农民，使农户成为真正的土地所有者，完成农民集体所有权量化的任务；然后将农民所有的土地的经营权交给集体经济组织，再出租给农业公司作为土地实际经营者，根据经营收益给农民分红。“土地变股权，农民当股东，有地不种地，保底来分红”，描绘了一幅美好的图画，从此农村土地就“活”了起来。如果是非农产业，这不失为一个不错的选择，但当把这样的模式一刀切式地推广到农业生产上，就可能洋相百出了。

企业规模经营一年，年终算账亏损了，既然股份制，有利

■某地集体劳动的劳动场面

同享，风险共担。但是农民这个群体很特殊，有利共享可以，风险共担不行。农民会说，凭什么把土地交给你？规模经营还会赔钱？于是，有关部门下文规定，对农民土地入股的土地股份制，必须实行保底分红。企业苦不堪言，利润从哪里来？农民种地不赚钱，换个企业就盈利了？于是企业纷纷跑路，良田变荒地。一个村干部讲了这样一件事：为了脱贫，政府招商引资一个企业，全村土地都流转给企业，每亩每年地租 800 元，每个贫困户出一个劳动力在企业打工，每天工资 100 元，经过算账，贫困户达到了“稳定”脱贫标准。但是企业连年亏损，要跑路。地方领导着急，竭力劝阻，再坚持一年，等宣布脱贫后再说吧。当然，也有还在撑着的，企业经营者说，是从非农业项目挣钱，补贴到农业上。

第三种情况是村集体“收回”土地，统一经营，于是又出现了40年前的群体劳动场面。一些被实践反复证明是违背基本农业规律的做法死灰复燃，自然会以失败告终。统一经营失败后又变了做法，集体土地重新发包。三年一发包，甚至一年一发包，谁给钱多就发包给谁。集体靠发包的超额地租获得收益，农民获得一般地租收入。这种做法的直接后果有两个：一是没有人对土地负责，用地者的短期行为导致对土地的掠夺使用或破坏无法避免。当承包者连续亏损时，弃地跑路，耕地撂荒。二是绞尽脑汁改变土地用途，先从非粮化，再到非农化，类似“大棚房”的出现，大都源于这样的思维。不断折腾的结果，农民也从此失去了干农业的环境和兴趣。

这些做法尽管有所不同，本质是一样的，就是排斥农民的主体地位，把本来的农业生产的主人，变成了农业生产的“看客”。客观上扼杀千万农民的农业生产积极性和创造性，试图用少数人的积极性取代多数人的积极性，结果可想而知。

那么，我们究竟如何破解小农户的弊端，创新农民组织呢？

3. 坚持农民主体地位的正确做法

应该怎样做才能既尊重农民主体地位，发挥农民的主人翁积极性，又克服小农户弊端，推进现代农业发展？中央文件表述得很清楚：培育新型经营主体。习近平总书记非常重视农民主体地位的重要性，多次强调要尊重农民的主体地位。2018 年 9 月 21 日在中央政治局第八次集体学习时，习近平总书记指出，“当前和今后一个时期，要突出抓好农民合作社和家庭农场两类农业经营主体发展，赋予双层经营体制新的内涵，不断提高农业经营效率。”[①]2019 年 3 月 8 日在参加河南代表团审议时强调：要突出抓好家庭农场和农民合作社两类农业经营主体发展，支持小农户和现代农业发展有机衔接……

每当我们提倡家庭农场时，总有些人提出异议：中国人多地少，怎么能形成家庭农场？我告诉他们说，那是你不知道什么是家庭农场。

其实，家庭农场的含义很简单。通俗地说就是扩大版的农户，是以家庭劳动力为主要劳动力的农业生产经营单位。一般认为家庭农场要符合三个条件：一是以家庭劳动力为主，区别于雇

① 习近平关于“三农”工作论述摘编，中共中央党史和文献研究院编，中央文献出版社，2019 年版，第 64 页。

工农场；二是有一定规模，家庭农场是适度规模经营的典型表现形式，也是高素质农民得以存在的有效载体，农民可以在自己的农场实现充分就业，以区别于小农户；三是农户收入主要来源于农场经营，而且有较高的收入，能够满足自己消费需要，不用出去打工，以区别于兼业农民。家庭农场与农户一样，充分体现农民的主体地位。家庭农场有很多好处，如就地近地实现充分就业，有较高和稳定的收入，不离开家乡便于照料老人和儿童，让农民有更多的获得感与幸福感；有效遏制乡村的衰败；激活了农民对现代农业科技的需求，无论是新的品种、农业机械的使用，还是新肥料或新栽培技术的采纳，农场主都表现出了空前的积极性和主动性。

常有人会问:“究竟多大经营规模的才能称为家庭农场呢？”

其实，家庭农场的规模没有下限，只要符合上面谈到的三个条件，无论规模大小，都是家庭农场。一对夫妇两个劳动力，种两亩地的蔬菜大棚，一年到头，都在忙碌，充分就业；每个大棚纯收入可达四五万元，全家有十多万元收入，比外出打工要好些。这就是家庭农场，我们称为“小微农场”。这种农场精耕细作，对农业的贡献非常显著。但是，往往得不到有效支持。2019 年 7 月 1 日，农业农村部办公厅、财政部办公厅联合发布《关

黑龙江大型农机具在作业

于支持做好新型农业经营主体培育的通知》，在支持对象中明确指出对土地经营规模相当于当地户均承包地面积 10 ~ 15 倍或务农收入相当于当地二三产业务工收入的农场，应当给予重点扶持。但是到了基层，就只重视前半句，而忽视后半句，大概他们认为“小微农场不是农场”。这是对家庭农场概念认识不清的表现。至于家庭农场规模的上限，建议也不用当地承包面积的倍数表示，因为有的地方人均耕地不到 1 亩地，有的人均达到 20 亩以上。我们主张定义家庭农场上限，采用现有技术条件下家庭成员所能经营的最大面积。这是一个动态的面积，随着技术水平的提高，家庭农场面积的上限也不断提高。2012 年，我在黑龙江做规模经营调研，种地农民告诉说，一个农民最多能种 300 亩；2019 年还是在黑龙江调研，农业机械先进了，一个农民一年可以耕种 1 500 亩的规模。

家庭农场的土地从哪里来？

没有稳定的土地来源，家庭农场不可能形成。土地来源于已经离开乡村、离开土地的人们，他们有的考进了大学，参加工作了；有的做生意当了老板；有的进了政府机关成了公务员。凡是有了稳定的非农收入，被纳入了国家社会保障体系，就应该退出土地，交给在家种地的人，让他们种更多的地，这就是家庭农场形成的前提。

家庭农场有一个重要特征，就是稳定性。由于稳定，才给农民以长远预期，才能激发人们保护、爱惜耕地的热情和动力，培养农民珍惜土地的感情。唯有稳定的土地关系，才有可能发展出绿色、可持续农业，也才有农业后继者的产生。那种承包地一年一变或者几年一变的做法，农民难以形成长远预期，家庭农场难以形成。那种主张提高地租，让农民在流转土地过程中获得所谓“财产收入”的做法，也不可能形成维护国家农业安全的家庭农场。

那么，谁可以成为家庭农场主呢？

未来的农民群体不再是封闭的群体，而是一个开放的群体。理论上，任何人只要愿意当农民，有当农民的条件和资质，都可以成为农场主这一新型经营主体。当然，在各类可以成为家庭农场主的群体中，正在从事农业的承包大户、技术农民以及他们的后代最具条件的，是最可靠的来源，他们有丰富的农业生产经验，对农业有深厚的感情，具有承上启下的作用，把他们培养成家庭农场主最为现实。

结合你周围的实际情况，说说哪些属于家庭农场。请大家思考，有哪些因素阻碍家庭农场形成呢？我们在后续章节中会做专门讨论。

第三节 关于农业组织

农业组织类型很多，我们只对农业生产组织做些探讨。“公司 + 农户”,“龙头企业 + 农户”,还有“公司 + 合作社 + 农户”等，都是曾经流行和推广过的农业组织形式。这些组织形式中农民作为弱势群体被边缘化，处于被动服从和受支配的地位。有些公司老板或有乡土情怀或同情农民，拿出些利润与农民分享，那是少数企业家的慈善行为或乡土情怀起作用，不能以此证明这种组织形式可以让农民获得应有利益。因为企业的利润一部分来自对农民提供原料的低价。很少见到通过扶持龙头企业让农民致富的案例。

只有以农民为主体的农业组织，才能实现农民的利益。农民专业合作社 (以下简称农民合作社) 是被理论和实践反复证明最适合农民的经济组织形式。民办、民管、民受益是农民合作社的特征，目前注册的农民合作社数量已经超过 200 万家。但是，有不少的农民合作社属于无效合作社。这并不是说农民合作社不好，而是合作社的理念和形成路径出了偏差，如一些地方存在以农民合作社名义人为垒大户现象。我们也常常听到这样的表述："农民把自己的承包地流转给了农民合作社。"这是个什么样的农民合作社？怎么农民合作社能流转农民的土地？凡是这样的农民合作社无一例外地都不是真正的农民合作社。因为《中华人民共和国农民专业合作社法》的规定非常清楚："本法所称农民专业合作社，是在农村家庭承包经营基础上，农产品的生产经营者或者农业生产经营服务的提供者、利用者，自愿联合、民主管理的互助性经济组织。"所以，把土地流转给合作社的提法，人们无法理解到底流转给了谁。

那么，如何才能形成有效的农民合作社？

首先，谈谈农民合作社的微观基础。实践中农民加入农民合作社的积极性之所以不高，一个重要的原因在于小农户缺乏合作意愿。然而，适度规模家庭农场的形成，可以激发出农民诸多新需求，如激发了农民对科学技术的需求，许多农业新科技对小农户的效益往往是微不足道的，而对家庭农场来说则效益显著，可以看到家庭农场主四处寻求新技术的现象；更重要的是刺激了农民合作需求。家庭农场面临农产品卖难问题、生产过剩问题、市场风险问题、品牌打造问题、农民利益保护问题、生产服务问题等，都需要有更高的组织形态发挥作用。他们希望有一个相互交流的平台，提高解决生产技术的问题；他们希望联合起来共同采购农资和销售农产品；他们希望得到组织提供的技术与生产服务。在家庭农场基础上组建农民合作社，使农民合作社具备微观活力基础。

其次，应该建立怎样的农民合作社。我们认为，农民合作组织应该以乡村社区为基本单位。这是由中国传统文化与当前行政管理体制所决定的。传统村落是熟人社会共同体，在共同体内部有互帮互助传统，有共同的生产与生活资源，容易形成共同的利益纽带，具有天然的信任与监督机制，容易形成合作关系。离开村落环境在陌生人之间建立信任与合作关系，是十

农民合作社可以克服小农户自产自销的风险，在销售方面发挥作用

分困难的。传统的农耕文化更适合以熟人社会为基础，也就是说，在合作社组织内部充分利用熟人关系的信任与合作传统形成合作机制，在合作社组织之间建立现代契约制度，实现合作社的联合。此外，中国的行政管理传统也决定了中国农民合作社应以乡村社区为单位。就目前的行政管理体制而言，政府行使对乡村管理是以行政村为单位实施的，“村集体”不仅是土地的所有者，也是政府惠民政策的落实者。独立于村组织之外的农民合作社，往往会成为“孤岛”，不仅得不到行政体系有效的支持，甚至出现受排斥的现象。之所以导致合作社组织与乡村社区“两张皮”，甚至相互掣肘现象，主要原因在于独立于乡村社区之外的合作社组织很难融入传统文化体系，也难以融入中国行政管理系统。因此，农民合作社组织应该与乡村社区一体化，在此基础上完善农民合作社功能，通过合作社联合实现更大范围的联合与合作。

农民合作社的功能也不限于农业生产，而是集生产、生活、服务为一体。农民合作社理事长通过民主选举，可以由村干部兼任，也可以由其他人兼任。但都要把农民合作社置于村党组织的领导下，使之成为向所有村民敞开的农民经济组织。同时，又要严格遵守民主管理、一人一票，入社自愿、退社自由，利

新型农业与农民

益返还等合作社原则。这样既保持了农业生产的微观活力，又赋予了双层经营体制新的内涵。

我们从自然科学意义上介绍了农业的特点，由这些特点推及农业与农民的关系，论述了农民主体的重要性和不可替代性。也介绍了通过什么样的组织创新可以克服小农户的弊端，坚持农民的主体地位。目前有些地区在推广“土地股份合作社”，要求农民把土地交给集体，集体统一经营，有利润按股给农民分红。你认为这种做法会有哪些问题？

第二章

政府的农业

从理论上讲，一个国家存在两种农业：一种是政府的农业，一种是农民的农业。前者所追求的是一个国家的农业安全，农业本质上体现为公共产品，政府对农产品的要求以追求数量充足、价格低廉、质量安全为目的。所以，才有“米袋子”“菜篮子”工程。也就是说，政府所追求的是农产品极大丰富，满足消费者的需要。换句话说，农产品生产适当过剩是政府所希望的。

但是，这样的目标往往伤害的是农民，因为农民的农业目的是为了增加自己的收入。过剩的生产导致的是“谷贱伤农”，增产不增收。政府为了保证国家的农业安全，就必须协调农民利益与农业安全之间的关系，只有保障农民的基本利益，农业才能获得可持续发展。因此，农业保护和农业补贴就成为国家农业制度的重要选择。

第一节 农业本质上是公共产品

我们说的农业，包括农业生产，也包括通过农业生产获得的农产品，其本质都具有公共产品性质。按欧盟的区分方法，农业公共产品和半公共产品可分为三大类：第一类和土地及其使用有关，如田园风光、独特的地形地貌带来的美学享受，生态环境的保护、土壤水质和空气质量的保护、自然灾害的预防、生物多样性、动物福利、农业环境和文化遗产的保护等；第二类与食品有关，如国内粮食安全、食品安全和食品质量；第三类和乡村的活动有关，如人口就业、农村的生存与发展能力、文化的传承、教育功能等。我们可以从以下三个方面来分析农业的公共产品性[①]。

1. 农业的必需性

一口袋粮食值多少钱？粮食或食物的价值不是可以用金钱来衡量的东西。有这样一个故事：天下大乱的时代，一个农夫和一个富翁逃到一个荒岛上。农夫背着一袋馍馍，富翁带着一袋金子。起初，富翁对农夫不屑一顾。但是过了一天，发现岛上找不到食物，富翁就提出来用一根金条换几个馍馍，农夫不同意；富翁又忍了一天，提出两根金条换一个馍馍吃，农夫还是不同意……直到最后，富翁抱着金子饿死了，农夫得救了。请问，这时粮食应该值多少钱？

农业是人类生存与发展的基础，“民以食为天”的古训，过去和今天是正确的，将来也不会变化。无论社会发展到什么程

① 朱启臻，生存的基础：农业的社会学特性与政府责任，社会科学文献出版社，2013 年版，第 60–65 页。

政府的农业责任是要为消费者提供丰富的农产品

度，有一个事实是永远也改变不了的，那就是百分之百的人都需要吃饭。一个人可以鄙视农业、看不起农民，但是他们从来不会拒绝农产品。农业生产所提供的食物，就像空气和水一样，是人类生存和延续所必需的，这种消费的必需性决定了农业的不可或缺性和极端重要性。

在野蛮社会，一些人或许依靠野蛮手段占有食物，因此有“朱门酒肉臭，路有冻死骨”的现象。而文明社会，人们对食物要求不仅是必需的，而且是平等的。曾任联合国粮食及农业组织（简称粮农组织）总干事的爱德华·萨乌马于 1984 年提出了粮食安全的新概念，其内容是粮食安全的最终目标应该是“确保所有的人在任何时候既能买得到又能买得起他们所需要的基本粮食”。这个概念具体包括三项目标：一是确保生产出足够数量的粮食；二是最大限度地稳定粮食供应；三是确保所有需要粮食的人们都能获得粮食。这里的“所有人”当然包括富人，也包括穷人。穷人也要买得起粮食，决定了粮食的价格必然受到政府的控制，而不是由市场行为任意调节。每当特殊时期，政府会靠强制力控制食品价格，保障老百姓的基本需求。2019 年我国的猪肉价格上涨，政府采取了扩大进口、投放中央储备猪肉数万吨平抑物价。2020 年初的抗击新冠肺炎阻击战，封城、封村、设卡、断路，农产品价格上涨，多地商家因抬高物价受到处罚。如 2020 年 1 月 28 日，修水县某超市借疫情涨价，以每千克 13.96 元售出大白菜，市场监管局对该超市涉嫌哄抬物价做出 50 万元的行政处罚。那些天价的名表、化妆品或其他奢侈品是不会被处罚的。这就是农产品与众不同的特殊性。

从历史上看，发展农业是历朝历代的立国之本，甚至上升到无农不稳，压倒一切的政治高度。积极兴建仓储设施，千方百计筹粮以应对灾害甚至成为国家的基本制度之一。农产品的供给本质上表现为社会性，主要有两个原因：一是农产品的价格受国家控制，使得农业产品不能像其他商品那样“物以稀为贵”。按照市场的逻辑，当农产品供小于求时，人们会争相购买，相互抬价，但是你无论出多少钱，总会有人得不到食物，直至这部分人饿死。所以，有些人认为我们的粮食缺口只有百分之五左右，不必担心，事实上，缺百分之一也是不允许的。当农产品供小于求时，国家会采取进口、调拨，不惜代价地保供给，同时会采取限制消费、限制价格等措施控制需求，以此来满足人们的最基本需要。二是当农业产品供大于求时，由于农产品需求弹性特点，农业生产者也不能像经营其他产品那样靠薄利多销获得利润。因为每个生产者为了销售自己的产品，竞相降价，直到赔本，结果是这部分过剩的农产品只能烂掉。因此，为了保护农民的生产积极性，政府通常要对因生产过剩而导致损失的农业生产者进行补贴。正是这样的原因，农业产品的提供本质上是政府行为，因此具有社会性。

2. 农业的公益性

经常有人用安徽小岗村与明星村做比较，认为小岗村“分田到户”，几十年面貌依旧，没有走上富裕道路；而那些明星村搞集体化，变成了富裕村。由此得出结论说，要想富就不能分田到户。这样的判断实在是罔顾事实，逻辑混乱。我们说小岗村和明星村的差别在于小岗村坚持农业生产，为社会做出了贡献；而那些明星村则是放弃农业去从事非农业，才获得了较高的利润。他们的区别仅仅在于从事了什么活动，而与家庭承包经营与否毫无关系。君不见，温州的个体工商户到全世界去赚钱？

农业活动本质上是公益性活动。所谓公益性活动是指为了公众的利益，一定组织或个人向社会提供非营利性的服务。社区服务、环境保护、知识传播、公共福利、社会援助、社会治安、慈善捐助等，属于公益活动，农业活动也是典型的公益活动。

首先，农业的公益性表现为农业生产的共享性。农民种植作物、植树造林，可以减少污染、涵养水源、保持水土、净化大气、减少扬尘、提供农业景观等多种生态功能。事实上，农业作用不仅在于减轻人为的生态环境问题，种粮种草、植树造林、改造沙漠等工作在相当大程度上也是与地质、气候变化所造成的生态环境问题做斗争。无论是中国西北地区古代的绿洲农业，还是现代的“三北防护林工程”，实质上都是以农业为手段对自然环境施加影响，使之向更有益于人类生存的方向发展。对人类社会来说，这些努力的目标不仅是增加农产品的产量，更是改善自然生态环境。农业对生态环境的贡献，所有人都平等享受，农民为此付出巨大努力，却从来没有从中得到过经济报酬。而工业则不同，污染空气、污染水源、污染土地，全社会为治理污染埋单，却没有给老百姓健康损失补偿。

其次，农业的公益性表现为农产品的福利性。总是有人因为农产品价格低而为农民鸣不平，其实，农产品的价格既不是由社会必要劳动时间决定的，也不是由产品价值决定的，甚至市场供求关系的影响也有限，而是要考虑消费者的消费能力、社会稳定等因素，由政府制定出来的。常有农民抱怨，为什么其他商品都涨价，而农产品不涨价。粮食价格上涨，牵一发而动全身，其他商品必定跟着上涨，如果这种恶果出现，生活水平越低的家庭，粮食支出比例也越大，受伤害也是越深。"菜篮子"工程、"米袋子"工程，都是保供给，稳价格，成为政府部门不可懈怠的重要民生工程。

3. 农业的社会价值

谈农业的社会价值，人们首先想到的是粮食安全，"无农不稳""手里有粮，心中不慌"，已经是人们的共识，这就是农业的社会稳定功能。习近平总书记多次强调，中国人的饭碗任何时候都要牢牢端在自己手上。[①]我们的饭碗应该主要装中国粮。[②]因为，没有任何一个国家能够养活中国这样的人口大国。

农业的社会稳定功能还表现为吸纳就业。尽管农业现代化

---

① 习近平关于"三农"工作论述摘编，中共中央党史和文献研究院编，中央文献出版社，2019年版，第70页。

② 习近平关于"三农"工作论述摘编，中共中央党史和文献研究院编，中央文献出版社，2019年版，第70页。

程度不断提高，中国从事农业的劳动力仍然还有2亿多人，围绕农业住在乡村的人口尚有近6亿人口，即使城镇化率达到70%，乡村人口依然有4亿多。农业就业弹性很大，可以有机械化的大农业，也有劳动密集型的精细农业，为解决就业提供了巨大的缓冲空间。每每遇到经济危机，城市就业劳动力就会返回乡村，只要家里有块土地，农民就有保障，社会就业压力和供给压力就会减轻，所以，人们称农业是缓解社会危机的“蓄水池”或“缓冲器”。

只要有块地，一家几口就有事情做

中国的农业到底需要多少劳动力，有专家做了测算，经济作物和粮食作物每亩地平均用工量是 18 个工作日，据此推算出用工需求总量，再核算成劳动力数量，认为中国有 1 亿农业劳动力就够了。从事农业劳动的人都明白，这样的算法不符合农业实际，原因很简单，农业周期性容不得把农业劳动时间集中到一起完成。从种到收漫长的等待是必需的，田间看护与管理是不可缺少的。所以，农业对劳动力的需求远比想象的复杂。美国直接从事农业的劳动力，仅占全部劳动力的 2% 左右，但通过后联产业、前联产业吸纳的劳动力则达 15% 左右。对于我国这样的人口和劳动力资源大国，扩大农业内部就业是缓解劳动力就业压力的有效途径。随着农业中一些劳动密集型产业的发展，还会创造出一些新的就业机会。未来相当长一个时期内，农业发展本身对劳动力的吸纳功能仍是不可忽视的重要方面。

即便是自给自足的农户，他们的存在对社会的稳定依然有重要意义。习近平总书记指出，“有不少地方的农户，因自然条件限制，生产活动即便只能解决自身温饱问题，那也是对国家做出的贡献”。[①] 小农生产在传承农耕文明、稳定农业生产、解

---

① 习近平关于“三农”工作论述摘编，中共中央党史和文献研究院编，中央文献出版社，2019 年版，第 70 页。

决农民就业增收、促进农村社会和谐等方面都有不可替代的作用。

农业的社会价值还表现为农业的生活价值。我们在后续章节再详细介绍。

第二节 政府的农业责任

农业的公共产品性，决定了保障农业安全是政府的首要责任。很多人感到困惑，为什么越是发达国家政府越是给予农业的支持越多？有人说，农业是弱势产业，没有补贴就难以为继。其实不是这样。应该说，农业是所有产业中最“强势”的产业，农业的价值是很难以用金钱来衡量的。因为，农业是人类生存的基础。假设人类财富为100，农业就是前面的“1”，没有了农业，其他财富都没有存在的意义。所以，基辛格曾说：“谁控制了粮食，谁就控制了人类。”正因农业太“强势”，关系到人类生存，才必须控制它，不能让任何人、任何组织或集团控制农业，从中牟利。任何国家的政府对囤积居奇农产品的奸商都不会姑息。

所以，我们才说，要把农业作为公共产品来对待。这就决定了满足人民对农产品的基本需要是政府的责任。农业特性决定了农民是农业生产的主体，农户是最适合农业生产的经营单位。也就是说，发展农业离不开农民，政府的农业目标，最终要靠农民来实现。但是，我们必须承认这样的事实，政府追求的农业目标与农民追求的目标并不总是一致的，政府的农业责任就在于协调国家农业安全与农民利益之间的关系，而采取的手段就是对农业的保护和支持。

1. 农业支持的内容

农业补贴政策与关税、价格干预、农业保险一起，是许多国家实施农业保护常用的政策工具。各国的具体情况不同，农

政府聘请专家免费给农民田间授课

业补贴政策的内容和侧重点也不一样。如当前美国农业补贴主要包括：直接补贴、反周期补贴、营销贷款差额补贴、土地休耕等资源保育补贴以及灾害援助等。法国农业补贴类型包括：对农产品、农业收入和农业体系补贴，农业可持续发展补贴，动植物公共卫生安全补贴，各种林业生产活动补贴，农业教育和科研补贴,农业行政部门人员和运转费补贴,农业社保补贴等。

中国加入世界贸易组织（WTO）后，中国政府要根据乌拉圭回合农产品贸易谈判达成的《农业协定》，履行成员方的权利和义务，在WTO农业多边协议框架下，农业补贴有两层含义：其一，政府对农业部门的所有投资和支持。如政府投资支持农业科学研究单位，培育新的品种，更新农业设施和农业设备，研究施肥灌水、植物保护、耕地保护等技术；开展病虫害的预报、预防与控制；对农民提供技术咨询；完善农业技术推广服务体系；农产品的市场促销服务；农业基础设施建设；农民的科技培训教育；还有农业收入保障补贴、自然灾害救济补贴、用于农业生产结构调整的投资补贴等。这些补贴都属于政府财政开支所提供的一般性农业生产服务，农民享受这些服务和成果，不用为此付费，这些农业支持也不直接影响农产品市场交易价格，称之为"绿箱"措施。"绿箱"措施的投入不受限制，国家有钱就可以多增加投入。如像农民接受教育和培训，政府负责所有费用，甚至还发误工补贴，所体现的就是政府对农业的支持。

在国际贸易过程中，对一些尚处于起步阶段的产业，允许本国政府在一定时期内提供一定的贸易保护措施，帮助其壮大，参与国际竞争。但同时反对通过补贴、倾销等方式扩大出口，以关税和非关税措施限制进口，达到垄断国内市场、争夺世界市场、追求贸易顺差的保护政策。这类被称为“黄箱”补贴措施受到 WTO 规则的限制，中国政府承诺除了遵守 WTO 有关农业的全部条款外，农产品补贴额不超过农业生产总值的 8.5%。当然，目前为止，还远没有达到这个额度。我国实行的粮食最低保护价收购，种粮面积补贴，种子、肥料、农机、灌溉等投入补贴等均属于这类保护性补贴。

从对农民收入有关的几项农业支持政策，可以看出政府支持农业的方式和政策工具[①]。

价格支持政策。自从中国农村改革以后，政府的价格支持可分为两个阶段。1979 ~ 2003 年为第一个阶段。此阶段以农业经营制度改革为主，为解决吃饭问题提供了前所未有的动力，为鼓励农民种粮积极性，1979 年国家粮食统购价格提高了

① 宋洪远，大国根基，广东经济出版社，2019 年版，第 152–167 页。

20%，结束了粮食收购价格长期不变的局面。1985年结束了长达30多年的统购派购制度，改为合同订购和市场收购相结合。提出如市场价低于统购价，国家按原统购价敞开收购。这个时候,中国人已经靠自己的力量解决了温饱问题,实现了丰年有余。20世纪50年代创造出来的粮票、食用油票、布票等票证制度，1992年底全部停止流通，成为收藏者的新宠。

1993年2月，国务院召开粮食产销政策发布及订货会，会上制定了粮食保护价收购原则：要以补偿生产成本并有适当利润，有利于优化品种结构，并考虑国家财政承受能力为原则。这时，国家不再强制全面进行粮食保护价收购，而是制定了主要农产品最低保护价。同年颁布的《中华人民共和国农业法》，第一次用法律的形式规定了政府对粮食及其他有关国计民生的重要农产品进行价格保护。后又两次大幅度提高农产品价格，至1998年，主要农产品的收购价格已接近市场水平。农民种粮的积极性得到调动。但随之导致粮食过剩,价格下降,“谷贱伤农”现象出现，收粮企业负担沉重。保护价收购粮食导致供求关系的进一步失衡。从2000年起，不得不缩小保护价收购范围，走上了选择性保护部分农民利益的道路。

2004年至今是第二个阶段。从1998年开始的粮食过剩现

1994 年冬季农民排队卖粮的情景

象，导致粮价下降，播种面积继续下滑，致使粮食连续五年减产，到2003年，全国粮食产量低于20世纪90年代的平均水平。粮食安全形势严峻。2004年，国家决定执行粮食最低收购价政策，国务院公布了《粮食流通管理条例》，规定“当粮食供求关系发生重大变化时，为保障市场供应、保护种粮农民利益，必要时可由国务院决定对短缺的重点粮食品种在粮食主产区实行最低收购价格”。[①]这样，原来的粮食保护价收购，就变成了粮食最低收购价政策。由于一般年初公布最低价水平，农民对市场价格有清晰的预期，刺激农民种粮的积极性，因为市场的粮价多低于政府公布的最低收购价，政府的“最低价”就成了事实上的“最高价”。农民种粮积极性再次被调动，接着就又出现“卖粮难”。2014年开始，开始下调部分粮食收购价格。后来又提出了对市场干预较小的“目标价格政策”，意思是说先制定一个“目标价格”，当市场价格低于目标价格时按差价补贴给生产者。但实际上可行性较低，因为农民遭受灾害后，农产品价格会上涨，按照目标价格的政策设计，不能给予补贴，难以实现保护农民利益的目的，加之发放成本过高，不得不退出政策舞台。

① 《粮食流通管理条例》第2条（国务院令第407号），2004年5月26日公布，中国政府网。

粗略地考察农业价格支持政策的历程，发现农产品价格补贴已陷入“两难”境地，托市价格不提高，农民没有积极性，会减少种植面积，导致粮价上涨，粮食安全受威胁；继续托市收购价格，粮食产量增加，进口压力加大，财政负担日益沉重。有人提出，实行价补分离，市场价格低时补生产者，价格高时补低收入消费者。实际上不可操作。因为界定低收入消费者十分困难，操作性很差。那就相信市场的力量，让农产品价格随行就市吧。前面已经论述过，这是对农业安全极不负责任的态度。

农业补贴政策。农业补贴是政府支持农业最主要、最有效的措施之一。进入 21 世纪以后，国家重视把粮食安全需要与农民增收结合起来，逐步完善和强化农业扶持政策，“少取、多予、放活”成为这一时期最让农民感动的口号，农业补贴力度明显增大，补贴方式多样化，补贴目标也从过去重视粮食安全转变为粮食安全与农民增收并重。这一时期有两个重要事件：

第一件大事，2004 年 3 月，十届人大二次会议通过决议：2004 年取消农业特产税，五年内逐步取消农业税。实际改革进度超乎预期，只用了一年，到 2005 年全国已经全面取消农业税，延续千年的上缴皇粮国税的传统被对农业的补贴所取代。

第二件大事，全国实施粮食直接补贴政策。2004 年开始在全国实施粮食直补。有的省份按过去的计税面积给农民补贴，有的按粮食播种面积发放补贴，有的则是按照农民出售商品粮数量给予补贴。当年直接补贴金额为近120亿元，超过此前国家承诺的对农民直接补贴100亿元的额度。此后几年连续增加。2004年开始，还增加了农机具购置补贴，2006年，为缓解农资上涨对种粮农民的影响，开始执行农资综合补贴，加之以前实施的良种补贴，合起来称为“四补贴”。除此之外，还有一系列辅助性农业补贴，如测土配方补助、土壤有机质提升补助、防疫补助、草原生态保护补助、防灾减灾补助以及农业保险补助等。农业补贴额度从2004年的120亿元，增长到2015年的1 719亿元。

农业补贴政策着眼于政府、农民与农业的关系，以其通过增加农民收入达到鼓励农民农业生产积极性的作用，实现保障国家农业安全的最终目的。从政治角度看，农业补贴政策的出台表明了中央支持农业发展的态度，标志着国家对农业从“索取者”向“反哺者”的转变。这对形成全社会关心农业和支持农业的氛围发挥了明显的作用，政府与农民之间的关系明显得到了改善，受到了广大农民群众的欢迎。从全国农业的整体状况来看，农业补贴的政治效应大于经济效应。在政治上，中央一号文件连续关注“三农”，党和政府在人民群众中树立了“执政为民”的形象，进一步巩固和扩大了党和政府的群众基础，产生了良好的政治效应。但必须看到，农业补贴的两个目标并没有达到理想效果。

首先，在保障国家农业安全方面，在一定时期内，对促进农民种粮积极性方面起到一定作用。但补贴刺激对农业生产积极性激励效果出现递减趋势。我们调查的结果显示，外出打工的年轻人，并不会因为有农业补贴而放弃打工，对吸引年轻人从事农业作用不大。此外，农业补贴对增加农业投入、调整结构、转变农业方式以及激发农民种粮积极性等方面作用甚微。

其次，在小规模经营体制下，补贴对增加农民收入微不足道，把农业补贴作为增加农民收入的手段并不现实。

农业补贴还带来一些负面效果，如农民为了补贴不愿意放弃承包地，不种地还拿补贴，耕地成为一种福利；补贴难以引导农民调整结构，提高农产品品质；特别是补贴对“增产”这根“弦”绷得太紧，长期的高投入、高产出，重视眼前利益，导致耕地质量下降，农地污染严重，水资源开发利用不可持续。因此，有必要调整补贴理念，完善补贴措施。

2. 农业支持措施的改进

农业支持政策存在一些问题，并不是说对农民的农业支持没有意义。有些人主张补贴对农民收入微乎其微，应该取消对农民的补贴，把资金集中起来“干大事”。事实上，农业离不开政府支持，关键要分析如何提高农业支持的有效性，找到精准施策的突破口。

无论是价格支持还是农业补贴，都不能孤立地在支持政策内绕圈圈，而应该把对农业的支持放在农业大环境下来考虑。农业补贴的效果不仅取决于补贴政策工具，也取决于农业经营体制。农业补贴只有建立在科学经营体制基础上才能发挥应有的作用，否则事倍功半，甚至出现负面效应大于正面效果。目前的补贴对两个受益主体难以发挥正面效果。一是小农户，由于经营规模狭小，无论是价格补贴，还是面积补贴或农资综合直补，对其收益都是微不足道，难以改变其农业行为。二是对一些资本下乡的承包大户，则是重视产出效益，补贴加剧其掠夺用地行为，使农业的可持续发展受到威胁。我们发现，有些农业支持专项给了所谓农业公司搞现代农业，事实上很多公司拿了补贴却搞非农产业，对农业的贡献基本为零。

我们认为，影响目前补贴效果的因素主要有三个：承包关系的稳定性、经营规模和农业主体性质。提高政府农业支持效果必须考虑这三方面的因素，也就是要解决支持谁和怎样支持的问题。

没有土地承包关系的稳定性，农业补贴的目标指向就难以实现。承包关系三年一变，五年一变，甚至一年一变，农民就不可能从长远考虑调整种植结构，很难刺激生产者的投入，更不可能起到保护耕地的作用。曾有一承包大户诉苦说，刚购置了大型收割机，就遭毁约，土地不再承包给他，导致投资损失。政府设立可持续农业补贴，农业环境保护补贴，诸如轮作、休耕、有机肥使用等，这些补贴只有在稳定的承包关系下才能起作用。实际上，在稳定的土地承包关系下，即使没有补贴，农民也会把保护耕地和提高土地肥力作为自己的责任和自觉行动。土地与生产者缺乏稳定关系的情况下，再多投入也不会取得效果。有一个农田建设项目，政府投资为耕地包坎打埝，打水井，整理耕地，耗资巨大，不到三年就被毁掉和废弃。原因就在于这片耕地没有稳定的主人，属于经常折腾的类型。而另外一个地方的耕地建设项目得到了很好的维护和使用，原因在于这块地有稳定的承包关系，受益主体、维护主体稳定而明确。

规模是影响农业补贴的重要因素。“规模效益”在农业生产

缺乏稳定的承包关系导致项目毁弃

家庭农场土地整理工程得到了很好维护

上或许并不明显，但在补贴上体现最为显著，一定力度的补贴，对小农户收入微不足道，对规模经营者则收益非常明显。既可以增加收入，也可以刺激生产，在规模经营环境下，补贴对新品种、新栽培技术的应用，对产业结构的调整、农机的投入等方面均可发挥显著的积极效果。当然，这里指的规模是指稳定的规模，不是临时的短期规模。

关于农业主体问题，前面已经做了很多介绍。家庭农场是未来农业新型经营主体的发展方向。围绕培育家庭农场的各种农业支持，不仅是有效的，而且是可持续的。比如说，土地整理项目如果能以家庭农场为单位，根据农场生产需要进行整理，就有的放矢，项目的效益就会得到发挥，而不会成为摆设；针对家庭农场的水利建设和水利设施可以得到充分发挥，而不会废弃；对家庭农场的农机投入，使用效率高，而且能得到有效的维护；对家庭农场主的培训和教育的有效性远远高于普通农户，有助于培育出一大批以农业为毕生事业的高素质农民及其后继者。所以，我们可以说：支持家庭农场才是从根本上支持农业。

价格是市场条件下引导农民农业行为的“指挥棒”，但是，正如前面所述，农业单纯追逐市场不仅会导致农产品供求关系的大起大落，也会危及国家农业安全。根据农业特点和农业的重要性，农产品的供给应当变市场导向为需求导向。市场是波动的，甚至是大起大落的。但社会对农产品的需求是大致稳定的。依靠市场调节供求关系常常导致市场价格震荡，农民追逐市场的结果导致周期性生产过剩，难以获得稳定收益。市场指挥棒带来的高投入高产出，也极大地浪费了诸如土壤肥力、地下水、化肥、农药等资源，对生态环境造成巨大压力，是一种不可持续的农业发展思维。依据社会需求确定农业生产类型和数量，走定制农业的道路应该成为未来农业的方向，可以根据农产品的重要程度分为多个层次：对大宗农产品，特别是粮食，国家根据需求通过合同订购保障供给，又可保障农民的基本利益；对适合加工的农产品，加工企业可以通过与农业生产者签订订单实现供需的平衡。一些特色农产品则可以通过消费者与生产者的对接建立稳定供给关系。

现代化的信息系统，特别是互联网的普及，为定制农业提供了技术可能，这应该是互联网农业的努力方向。定制农业还需要完善的农业组织体系做保障，缺乏有效的农业组织体系，供给侧改革就会停留在口号上。这个有效的农业组织系统，基本单位就是农民合作社，通过合作社联合社或合作社联盟，把众多基层农民合作社联合起来形成全国农民合作社系统，供给侧改革才有抓手，农业支持的目标才能实现。

本章介绍了农业的公共产品性质，决定了政府的农业责任。政府的农业就是要满足所有国民对农产品的需要。数量充足、价格低廉、质量有保障，是其追求的目标。实现这个目标，通过适量过剩是最保险和最有效的措施。但是，这样的结果往往会导致“谷贱伤农”而使农民利益受损，进而影响农民生产积极性，减少种植，反过来影响农业安全。20 世纪 90 年代由于粮食相对过剩，出现卖粮难，农民纷纷压缩粮食面积，导致 1993 年开始的粮价大幅度上涨。才有了“米袋子”省长负责制，要求各省人民政府把当地的吃饭责任担当起来。这样的现象反复出现了多次，才有了后来的对农民补贴政策。农业补贴是为了“不让老实人吃亏”，在政府的农业和农民的农业之间寻找平衡点，保障农民的基本收益。关于农民的农业，我们下章具体介绍。

第三章

农民的农业

20 世纪 80 年代，改革开放后的乡村，一度出现了让城市人都很羡慕的对象——“万元户”，即农户靠农业年纯收入达到 1 万元以上。有专家计算当年的 1 万元相当于今天的 220 万元。那个时候（20 世纪 80 年代末到 90 年代初），是农民增收最快，城乡收入差距迅速缩小的阶段。但是随后的数十年，农民收入处于长期徘徊水平，尽管专家们出了很多主意，政府也出台了多种措施，但并没有找到农民增收的有效路径。

第一节 农民增收措施的探讨

除了政府不断提高对农业的支持水平外，专家学者、政策制定者和地方实践者也试图通过种种技术措施和组织创新解决农民收入问题，进行了大量的探讨实践，了解这些措施的特点和局限，对破解农民农业收入问题，无疑具有重要借鉴意义。

1. 产业结构调整能增收吗

在众多农民增收的措施中，调整农业产业结构最有说服力，“种粮食不赚钱，可以种蔬菜；种蔬菜不挣钱，可以种水果”，这是农民和基层干部最感兴趣、最容易接受的主张。民间也一直流传“一亩园，三亩田”的谚语，是指种一亩菜地，可以顶得上三亩粮田的收入。其实，“种经济作物”比种粮食会有更高收入，只是人们对农业结构调整预期的朴素理解。因为符合大多数人的想象，以至于成为“逼民致富”的主要依据，其结果往往事与愿违。

我们到处可以看到，“苹果滞销”“荔枝丰收果农愁”“大白菜滞销4分1斤”“菜农几万斤菜烂地里”“内蒙古大量土豆滞销”等新闻标题。自从中国走出农产品短缺的阶段，“卖粮难”“卖蔬菜难”“卖苹果难”“卖香蕉难”等一系列农产品销售难的问题一直困扰着人们，这也是人们热衷于农业产业结构调整的后果之一。2019年某地为了增加农民收入，强行让老百姓由玉米改种高山萝卜。原来种玉米做青贮饲料，每亩地农民可收益4 000元左右，种了萝卜，9分钱一斤，农民还要负责给收购商装车，结果每亩地亏损100多元。

实际上，当农产品供求平衡以后，特别是处于供大于求状态时，农业产业结构调整作为普遍的农民增收措施，其作用微乎其微，甚至是失灵。原因有二：

一是因为农产品的消费具有“替代性”特点，即一种农产品消费的增加，会相应减少另一种农产品的消费。举例来说，你今天多吃了苹果，就不会再吃橘子；多吃了白菜，就会少吃萝卜。当一种农产品或某一品种得到促销时，一定会挤占了其他农产品的销售空间。最后，在市场上争来争去，总有失败者（或者两败俱伤）。在农产品短缺时代，增产就是增收，而到了供过于求的阶段，无论怎样调整结构，也会有一部分农民的利益得不到实现，这就是农业产业结构调整不能促进农民整体利益实现的主要原因。

二是产业结构调整不能抵御自然风险和市场风险。相反，由于结构调整往往以种植经济作物为目标，以增加投入为特征，生产成本的增加会强化这一风险。显然，种两亩老玉米，最大的风险也就是赔上几百元，如果经营的是温室蔬菜、果树，高投入必然带来高风险，而且这种风险大都是难以预测的。

有个村支部书记对产业调整的认识很深刻。

"'种粮食不赚钱，种经济作物一定赚钱；分散农户不赚钱，规模经营就能赚钱'，出这种主意的人肯定没种过地，是在屋子里想象的。""前几年我们在张家口的坝上租种了500亩种结球生菜，是准备直接供快餐店的，那里气候冷凉、昼夜温差大，适合发展蔬菜。谁知最后以赔了80多万元而结束，彻底弄砸了。"

“租地需要钱，雇人需要钱，还要聘请高素质的技术人员，加上生产的成本，已经没有利润可言。再遇上自然灾害，处置不当，不赔钱才怪呢！”

“好在这 500 亩蔬菜是公司投资的，赔了就赔了，没有办法的事情，给公司打个报告就完了。以后再不要干这种事了。”

有专家还提出“高附加值”农业的概念，哪里来的高附加值？凡是可以复制的农业，命运都是一样的。但这并不是说农

滞销的番茄

业产业结构调整没有意义，如由增加产量解决温饱调整为提高产品质量，满足人民生活日益丰富的需要；通过调整还可以发展更适合当地环境的农业，形成优势产区等。但是笼统的产业调整让农民增收是不现实的。如何调整才能增收，后续我们再讨论。

2. 规模经营必然增收吗

“农民为啥穷，因为规模太小，一亩三分地种啥也不能致富。”这个判断蕴含了一个假设前提，即“农民种地规模大了，就自然可以致富了”。实际上并非如此。前几年，山东一菜农因规模化种植蔬菜，赔得血本无归，喝农药自杀；2016 年，黑龙江省绥化市一种植大户，流转土地 5 000 亩种玉米，受伏旱影响，共亏损 70 多万元。诸如此类，不胜枚举。理由很简单，有些人想象的规模效益，农业上是不存在的。一是由于简单的规模经营不能抵抗自然风险，并不会因为规模经营了，就可以躲避旱灾、涝灾、雹灾、低温、高温以及病、虫等灾害。相反，只能积累更大的风险。二是规模经营不能抵御市场风险，农产品价格是影响农民收入的重要因素，农产品的价格并不随着经营土地规模的增加而更有保证。三是规模经营不能降低劳动力成本，特别是劳动密集型农业，雇工成本高，劳动质量低。农业机械

抛荒的规模化农田

被认为是替代劳动力的理想方式，但并不是所有农业劳动都可以由机械来替代，而且还受到气候环境制约，这是规模化风险产生的原因之一。如一承包大户的玉米在收获季节因遇大风倒伏,不能使用收割机,全部烂掉。四是受国家农业补贴政策影响，2018 年国家提高大豆种植补贴，降低玉米补贴，导致很多玉米种植大户亏损。五是受地租影响，地租推高了生产成本。有些人总是拿美国的规模农业说事，张锦洪等人考察了美国规模农场的收益后得出结论：没有政府补贴，90% 以上美国农场不能获得家庭平均收入水平[①]。农业的规模经营不是必然增加农民收入，规模农业对政府支持的依赖程度更高。

① 张锦洪、蒲实，农业规模经营和农民收入：来自美国农场的经验和启示，农村经济，2009 年 03 期。

我们思考规模农业对农民增收的影响，不是要否定规模农业，规模农业是世界趋势，不容置疑。但是，我们要清楚为什么规模农业是趋势，主要由两个因素决定：一是年轻人不愿意从事农业，他们更向往城市生活；二是一个国家必须有人种地，特别是像我们这样的人口大国。两个因素叠加的结果，就是种地的人只能种更多的地。因此，规模农业包含了诸多无奈，是社会发展到一定阶段的必然结果，但不是最理想结果。等到国家非常富有了，机器人、无人机、智能农业、自动化程度大大提高了，政府有足够的钱补贴农业了，规模化农业就水到渠成。因此，对待规模化要有历史的耐心。但是规模农业的实现，无论如何不能以排斥农民主体地位为前提，不能以牺牲农业可持续发展为代价，否则，会把农业推向危险的境地。这也是为什么中央反复强调要“适度规模”的原因。何为适度，我们认为适度规模就是家庭农场的规模。

3. 科技的重要性

科技进步推动农业发展不容置疑，从 40 年前的每亩地二三百千克的产量，到今天单产可以超出 1 000 多千克，主要是科技在起作用。新品种、新肥料、新农药、新的设施和装备以及新的栽培措施，推动了农业的快速发展。“藏粮于技”成为保障农业安全的重要内容。未来国家的农业安全，农产品的国际竞争力，也主要依靠科技的实力。但是，当我们把视角转移到科技与农民的关系时，就会发现，科技的广泛应用与农民收入增加的关系十分复杂，也就是说，应用科技并不是农民增收的充要条件。

无论是新品种、新设施、新机械、新栽培措施等，都需要增加投入。采用的新技术越多，投入也就越大，当农民获得的收益不足以抵消投入成本或收益甚微时，农民就会拒绝使用新技术。改革开放初，是农民对农业科技需求旺盛的时期。那个时候，农民为了听专家讲如何种地，可以把一个教室挤得水泄不通。如今，专家给农民讲农业技术，却需要用洗衣粉、洗涤灵、肥皂等作为礼品来吸引。反映了农民对科技需求的冷漠。啥原因？改革开放初，农产品短缺，农民增产就是增收，如今却是“谷贱伤农”，一项科技措施可以增产 5% 或 10%，对国家宏观效益十分巨大，但是对农户收益微乎其微。当年，科技水平低，每亩地产几百千克，农民穷；今天，每亩地数千千克产量，农民依然不能致富。可见，科技对今天的农民增收来说，缺少了肯定不行，有了也不是必然行。因为大多数的农业科技不能化解市场风险。我们曾对两个果品专业村进行过调查，一个是柿子生产专业村，该村的柿子产量在25万千克至400千克浮动（管理粗放导致的大小年或自然灾害导致的减产），结果发现，小年的年份，果农的平均收入不减少，而且家家户户均能卖掉所生产的柿子；到了丰收年，尽管产量增加了，价格却降低了，而且一大部分农户不能卖出自己的产品，得不到应有的收益。另一个是板栗种植专业村，也存在同样的现象。因此，这里的老百姓对增产不感兴趣，丰收反而会使他们增愁。

这种现象告诉我们一个朴素的道理：农业科技在大幅度提高产量的同时并不能给农民带来更多的实惠。因此，科技的应用是政府的责任，是国家的需要，不应该成为农民的义务。那种认为农业科技必然给农民带来利益而让农民为科技应用而埋单的做法，只能增加农民的负担。正因如此，政府才有了良种补贴和农业科技推广等公共服务。

英国一个叫贝尔纳的学者曾写过一本著作，称为《科技的社会功能》，其中论述了农业科技问题，在这本书里，他描述了以下观点。

无论政府，农场主或者研究工作者都对农业科研现状感到不满。这种情况的产生并不令人感到十分奇怪。英国在18世纪是以盈利为目的的食品生产的先驱试验，不过在20世纪却变成了不折不扣的时代错误。现代农业的主要倾向是限制产量，以便维持价格。这在根本上是同任何农业科研目的相违背的。于是人们就要求科学界停止它在增产上所做的努力。目前普遍试用的补救之道是限制产量。

当然，这并不是说，当今社会不需要农业科技了。相反，今天的农业竞争就是比较谁更有科技实力。中国从来没有像今天这样更为迫切地需要科技来弥补耕地的减少、农业劳动力的缺失和应对越来越多的自然灾害。但是，我们必须清楚农业科技与农民的关系。农业科技是国家农业安全的需要，建立健全农业科技服务体系，为农民提供周到的科技服务是政府的责任。同时，科技的重要作用是“藏粮于技”，关键时刻拿得出，用得上，而不是眼下一定要变成产量导致过剩。

4. 让农民闯市场

当各类农民增收措施受阻以后，有人又想到了市场的力量。

通过市场配置资源，被认为是最有效的资源配置方法，然而依赖市场调节农业供给缺乏实践依据，很难找到具有普遍意义的成功案例。市场不是万能的，把一般性市场理论生搬硬套在农业上更是不恰当的。这是因为农业的特殊性使其在大多数情况下并不遵守所谓市场规律。有人提出，让农民去闯市场，市场什么赚钱就种什么。听起来似乎是对农民有利，实则是不可能的。道理很简单，什么时候农民最赚钱，当然是农产品短缺的时候。但是，有哪届政府会为了提高农产品价格允许出现短缺？相反，历届政府都会把保农产品供给作为首要任务，所以才有了“米袋子”省长负责制，“菜篮子”市长负责制，党政同责，确保农产品供给充足。目的都是要供给充足。当农产品出现供不应求的状态时，任何政府都不可能漠然视之，而是会采取刺激生产、不惜代价进口，或限制农产品消费等措施稳定所谓市场，使农业生产者难以获得“物以稀为贵”的超额利润。当农产品供过于求时，也不遵守“薄利多销”的市场原则，因为消费者对农产品的刚性需求，并不会因为价格便宜而去多消费。

此外，农业的周期性特点，根据市场调整农业行为也是不现实的。比如说今年猪肉的价格迅速上涨，人人都懂得这个时候养猪挣钱。要扩大生产，需要先明白两个问题：一是小猪仔从哪里来？农产品市场对农产品的反应是一种滞后的反应，猪肉价格上涨，是因为去年或前年某种原因导致大量母猪被杀，今天没有足够的仔猪，因为仔猪要靠母猪来生，母猪还没有被生下来。靠发文件试图立即增加仔猪产量是可笑的，因为目前还不能工厂化批量生产母猪。二是假如你真的开始养猪了，等你的猪出栏了，市场上猪肉还一定能值钱吗？就像2018年大面积的霜冻导致全国苹果减产，苹果价格上涨。如果根据市场反应，2019年就开始种苹果吗？所以，我常说，没有一个人可以告诉农民明年种什么赚钱，这个人永远也不会出现。这是农业特点多决定的。让农民闯市场，其实是对农民的极大不负责任，是对国家农业安全的不负责任。

放任市场对农业的调节，满足的是追逐市场利润的行为，生产者以盈利为目的，并不是从社会实际需求出发。玉米生产过剩就是在“啥挣钱种啥”的情况下发生的。结果既不能满足社会需要，又伤害了生产者，同时导致了资源的巨大浪费。而如今，玉米过剩了，种玉米赔钱了，让农民去适应市场去种更能赚钱的作物，就像盲人骑瞎马无所适从。

农业的周期性决定了根据当前的市场行情调整农业结构，会出现两个问题：一是跟风效应导致生产者的损失。因为市场前景的难以预测性，农产品的市场价格就成为农民生产行为的风向标，极易出现农业结构调整的“大呼隆”从众行为，导致新的生产过剩。这样的教训数不胜数，其结果严重损伤农民的生

让农民闯市场是十分困难的

产积极性。二是调整滞后，由于农业生产的季节性和周期性特点，不像工业那样可以依据市场情况灵活调整其生产内容。特别是规模经营，长期生产某种农产品形成的与之配套的技术、经验、机械设备、劳动力等，使之难以灵活地改变种植内容。农民收入长期低水平徘徊以至于弃耕、撂荒，与不断追逐市场式的折腾有很大关系。

还应该看到，市场对农产品的反应是一种扩大了的反应。由于农产品需求刚性的特点，农产品供不应求的情况下价格会大幅度抬高，哪怕欠缺的只是很少一部分，人们会争相购买抬高价格；供大于求的情况，由于生产者竞相出售则会导致该产品的整体价格大幅下降。市场对农产品供求的反应并不是真实和恰当的反应，而是被夸张了的反应，这种被夸张了的市场反应极易左右生产者的跟风，导致新一轮的供求矛盾，即所谓的“蛛网震荡”现象，使消费者和生产者的利益均受损。

有人迷信市场可以实现农业资源的最优配置，甚至把市场化作为解决农民增收的灵丹妙药，不顾农业和农产品特殊性的事实，一厢情愿地把农民推向不确定的市场之中。实际上，不仅小农户难以把握农产品市场，新型主体也难以预测未来的市场行情，任何人、任何机构试图通过市场或信息的手段预测未来农产品市场，以指导农户的种植实现农民增收，都带有相当大的想当然成分。因为农业的周期性以及影响农产品供求因素的复杂性，使对未来农产品市场的预测几乎是不可能的。把农民推向市场的做法，不仅伤害农民，也伤害国家的农业安全。在实践中，无论是当地政府以结构调整为名强制执行的，还是村干部们协商动员后推行的，或者是农民根据上一年的市场价格走高而主动模仿的，几乎都以惨淡收场而宣告结束。

5. 其他几种流行的观点

如何让农民增收，还有很多措施，诸如产业化、公司带动、龙头企业带动、信息化、外出打工等。这些都是重要的，但都存在明显缺陷。

先说说信息化问题。当今社会是信息社会，互联网和智能手机的普及正在改变着长期难以破解的信息不对称难题，实现了农产品销售的革命。特别鲜为人知的深山沟土特产，借助互联网也可以做到人尽皆知。现代信息技术使“酒香不怕巷子深”成为现实，轻而易举地实现了消费者和生产者的直接对接。无论生产者是个体农户，还是公司；无论是处在大平原，还是深山区，信息都可以实现平等传递。一个山里的姑娘，凭借快手、抖音等现代视频传播工具，可以实现难以想象的销售业绩，以至出现了“李子柒”现象。中国新闻周刊评李子柒是一位现实中的造梦者，在乡野山涧之间，在春暖秋凉的轮替之中，她把中国人传统而本真的生活方式呈现出来，让现代都市人找到一种心灵的归属感，也让世界理解了一种生活着的中国文化。她用一餐一饭让四季流转与时节更迭重新具备美学意义，她让人看到“劳作”所带给人的生机[①]。还有淘宝村、拼购村的涌现，确实为当地的农产品销售做出了突出贡献。一批有实力的互联网企

① 李子柒，我理想的生活就是无忧无虑自给自足，中国新闻周刊，2020年1月09期。

业也大力布局农业，“一网就灵”的神话，让人们对未来农业充满了想象。

在对互联网充满憧憬的同时，我们也必须看到，互联网靠自身的信息传播优势难以从根本上解决农产品卖难的问题。农产品卖难根本原因在于生产相对过剩，互联网局部解决农产品难卖问题是可能的，但由于农产品刚性需求和消费具有可替代性特点，一个产品或某一个地方的农产品销路好了，意味着增加了另一个地方农产品的销售难度；一个生产者的农产品卖得越多，意味着另一生产者的农产品积压得越多。互联网解决农产品销售的典型案例并不代表可以成为普遍的事实。

此外，互联网不能取代农民。有文章描绘了未来互联网农业去农民化的前景：通过农业物联网技术，可以监测到土壤温湿度、空气温湿度、太阳总辐射等数据指标，了解小麦生长的环境状况；通过农业专家系统可以实时借助图像和数据对农作物的生长情况做出诊断分析；通过互联网可以完成播种、管理、收割等一系列农业活动。并以此得出结论，未来种地坐在办公室或者汽车里，通过手机就可以实现，大大降低了农业成本。应该看到，农业物联网技术在迅速成熟达到可以应用的程度，也预示了未来农业科技发展的某些方向。但事实上互联网农业并不能降低生产成本，相反需要更高的投入和高素质的农民维护与使用。农业的自然性和生命性，决定了农业的发展方式既不是工业的方式，也不是互联网的方式，只能按照农业自身的方式来发展。相信互联网会对农民增收做出独特贡献，但主要不是参与宣传促销的竞争，而应该在实现定制农业方面做出实质性贡献。

再说说外出务工增收问题。当农业增收的种种措施受阻以后，人们把目光又投向了进城务工。其实，农民早就明白，打工挣钱更容易，20 世纪 80 年代，当农民有了一定选择自由后，就自发到城市打零工，当时的政策是严格控制，采取的措施是“围追堵截”。到 90 年代，开始逐渐放开限制，直到进入 21 世纪转变成鼓励乡村劳动力流动。据有关部门统计，到 2004 年，农村劳动力转移就业首次突破 1 亿人，到 2017 年，转移就业劳动力数量接近 2.8 亿。农村劳动力转移就业为中国的城市化、工业化注入了活力和动力，也成为农民增收的有效途径。曾流行过“一人打工，全家脱贫”的口号，劳务收入越来越成为大多数农户增收的主要来源，而且这种趋势还会延续下去。

我们关注两个问题：一是农民的劳务收入是不是还是农民收入？特别是进城务工人员，在统计人口城镇化率上，他们俨

农业劳动力老龄化，70 多岁的老年人还在种地

然已经是城市化人口，他们的收入自然不再是农民的收入，这些人只是有农民的身份，与农业生产已经没有关系。与此相联系的第二个问题，把进城务工作为提高农民收入的重要措施，会带来多方面消极后果：一是年轻人远离乡村、远离土地，致使农业经营后继乏人，乡村衰败；二是加速了乡村老龄化，老年人尽管对农业有感情，但是力不从心，撂荒现象普遍出现；三是导致普遍的兼业化，兼业农民把农业当成鸡肋，既不愿放弃耕地，也不愿在土地上用心，难以实现农业的现代化转型。打工经济带来的乡村“三留守”现象，导致乡村缺乏活力，失去了生机。这样的恶性循环,只能促使乡村进一步衰败。我们认为，农民增收的着力点必须放在农业增收上，只有让农民通过农业经营获得更高的收入，才能吸引高素质农民留在乡村，也才能遏制乡村的衰败。要通过破除一切束缚农民手脚的不合理的限制，促进城乡要素双向流动，让进城务工的村民顺利成为城市居民或城镇劳动者，为愿意留在乡村或返乡创业的人提供更大的发展空间。唯有如此，农业才有希望，乡村才能振兴。

第二节 特色与融合农业

理论上，适度规模加政府农业补贴是农民增收的有效措施。但是仅仅靠农业补贴还不能解决全部农民收入问题，于是中央提出了发展特色农业和融合农业，作为农民增收的重要渠道。

1. 发展特色农业

我们之所以把特色农业作为农民的农业，主要是因为特色农业是满足特殊人群的特殊需要，其产品价格不受政府定价管制，只要消费者认可，农民可以获得较高的收益。曾经有过西瓜卖出500元的价格，那不算哄抬物价，而是满足特殊需要。但什么是特色农业，实践中存在很多认识误区。

常看到一些“特色”农业失败的案例，其实，那不是任何意义的特色。白菜花变成绿菜花、圆西瓜变成方西瓜、满世界推广种玛咖，诸如此类的都不是什么特色，那些把新品种、新技术当成特色农业的认识是对特色农业的误解。

特色农业是指在特定地理环境下、凭借独特资源条件所形成的具有独特产品品质以及特定消费市场的特殊农业类型。特色农业是天时、地利、人和在农业生产上的具体反映。不可替代和复制是其重要特征之一。其他地区或不能生产，或产品品质不能保障，或成本过高，使得该农业类型在特殊区域保持着独特优势。

具体说，发展特色农业要突出三个特色：第一，突出环境特色，绿水青山可以通过发展有机、绿色农产品实现向金山银山的转变。一些地区自然环境优越，污染较轻或无污染，具有发展有机、绿色农产品的天然条件。第二，突出物种资源特色。特殊的地理环境形成了丰富的珍、野 、稀 、名、特物种资源，被誉为特色农业的“宝库”，从中发现可开发的农业类型形成特色农业。第三，突出气候特色。特殊的气候条件不仅造就了特色物种，也形成特色产业类型。我曾参加云南大理白族自治州产业考察，在宾川县看到了特色农业的优势。宾川县是云南乃至全国太阳能资源最丰富的地区之一，空气透明度高，太阳辐射强，日照时数长。特殊的地理气候条件，使这里所生产的葡萄与其他产区相比，具有丰产性好、成熟上市早、果大均匀、整齐度好、色泽鲜艳、糖分充足、营养充分等优点。蔬菜、烤烟、经济林果、畜牧养殖、中药材等高原特色农副产品，都具有很强的市场竞争力。农户在自己的承包地上，可以创造出每亩几万到十几万的产出，高原特色农业成为宾川县农业增效和农民增收的主渠道，也是乡村振兴的重要产业品牌。

特色农业除了地域特色外，还有文化特色。当特色文化融进地方农业就形成了独特的农业特色产品，最典型的莫过于茶文化、梯田文化、桃源文化等。在民族地区，特色农业还表现为民族文化。这些特色产品都由特殊的地理环境与当地的生活方式和习俗共同创造，不是在任何别的地方都可以复制的。

常言道，一方水土养活一方人，任何地方都有其特色产业，不要轻易地说某某地方没有特色，那是没有认真研究和发现特色。其实，只要认真调查研究，会发现几乎每个村庄都有与众不同的让村里人感到骄傲的产品。把这样的东西找出来，通过现代技术改造，使其价值放大，就成为特色产业。

在我们国家的每个省市、地区都有许多脍炙人口的地方特色农产品：东北有三宝，人参、貂皮、乌拉草；还有现在的东北大豆、大米、木耳、海参全国闻名。在北京，门头沟京白梨、房山磨盘柿、大兴的西瓜等人尽皆知；河北有赵州雪花梨、沧州金丝小枣、宣化葡萄远近闻名；内蒙古黄河鲤鱼、王府肉苁蓉受人青睐；浙江有西湖龙井、金华佛手、绍兴麻鸭；山东有烟台苹果、莱阳梨、乐陵小枣、肥城桃，还有章丘大葱；安徽有祁门红茶、太平猴魁、砀山酥梨、黄水猕猴桃；云南山茶花、普洱茶、大理雪梨、苍山杜鹃花；新疆的葡萄、哈密瓜；陕西苹果；山西小米；贵州刺梨；青海虫草；河南新郑灰枣、洛阳牡丹；湖北武昌鱼；湖南的湘莲、湘茶等都名闻遐迩。如此等等，不胜枚举。其实，每个县域都可以说出几十种地方特产，就是到了某个村，也一定可以发现和周边村庄不同的特色农产品。

在河北馆陶县，为了发展特色农业，当时的县委书记谢继炯带着一班人马，挨个走访每个乡村，调查村里的特色产品，愣是在华北大平原高度同质化的乡村，成功建设了 17 个特色产业村，被誉为“黄瓜小镇”的翟庄村是其中一个。该村地处黄河冲积平原，浇灌水源富含矿物质，土质非常适宜种植黄瓜，改革开放前家家户户就开始种黄瓜，有一批黄瓜种植能手，积累了丰富的种植经验。当地政府以此为基础，把黄瓜产业作为该村的特色产业。如今，全村蔬菜大棚占地 1 200 亩，有 1 000 多个黄瓜大棚，2014 年被中国蔬菜流通协会命名为“中国黄瓜之乡”，“馆青”品牌黄瓜两度获得全国金奖。2015 年黄瓜平均日交易量就达 40 万千克，年销售额超 4 亿元。2015 年开始，“黄瓜小镇”按照生产、生态、生活三生融合的发展理念，建成世界上黄瓜品种最全的黄瓜科普园，世界上 110 多种黄瓜，翟庄村就有 105 种，俨然是一座活态的黄瓜博物馆，建设了鱼菜共生循环系统，还开发了黄瓜宴、黄瓜酒坊、黄瓜美容院、黄瓜饮吧等，开办了培育乡村建设专业人才的美丽乡村大学，还有艺术家部落、垂钓园等，把黄瓜产业做到了极致，翟庄村成为特色产业振兴乡村的典型。

发现了特色，如何做好特色农业也是一个问题。过去，我们发展农业有个误区，就是不顾客观条件一味强调“做大做强”，过于重视量的增长，结果产量上去了，品质下来了，文化丧失了，导致产品过剩，“谷贱伤农”。发展特色农业要遵守做精做强的原则，要在“特”字上下功夫，不是要盲目扩张面积和产量，而是要“少而精”“精而强”，不靠数量取胜，而靠品质取胜，这符合国家农业供给侧改革的方向，也符合农民增收的需要。

2017 年我在贵州黔西南州做扶贫调研，遇到来自深圳在册亨县巧马镇大山里支教的小伙子周建仁，地方政府知道他具有营销才能，动员他帮乡村产业脱贫。他首先做的事情就是调查和整理乡村资源。当问及老百姓当地有什么特产时，老百姓回答说“我们这里没有特产，除了甘蔗啥都不长”，这句话启发了他。调查发现，附近的几个村庄很适合长甘蔗，不仅产量高，品质也好。原来有国有糖厂在这里收购，后来糖厂倒闭，蔗农只能靠走街串巷卖鲜食甘蔗换取微薄收入。于是，他做起了甘

因地制宜的农业才能成为特色农业

蔗的文章。恢复传统手工土法制糖，给红糖取了一个好听的名字："东方巧克力"，配上融入当地民族文化的包装，每盒糖（400 克）售价 180 元还供不应求，成为立足当地资源发展特色产业扶贫的典型。

2. 发展融合农业

融合农业作为农民增收的农业，是要让农民获得农业全产业链的综合收益。所以，中央文件多次提出要发展融合农业，增加农民收入，而且强调把增值收益留给农民。但是在对融合农业的理解上存在诸多偏差，我考察过一些所谓国家级的"融合农业"示范区，发现与融合农业的理念没有一丝一毫的关系，只是给过去的产业园区换了标签而已。

融合农业需要从两个方面来理解：即融合什么和在哪里融合。前者是融合农业的内容，后者是融合农业的主体。

发展融合农业的理论依据是经济学的产业链理论、社会学的农业多功能理论和心理学的消费者需求理论。消费者对农业需求已经从温饱型转变为对提升生活质量的需要，或者说从满足生理需要发展到满足精神需要的阶段。农产品营养与安全，包括色香味在内的特殊品质、多样化的农产品形态、品牌与文化等均是精神需求的重要方面。要满足消费者多层次需要，农业必须向融合产业发展。农业的多功能性恰巧可以满足人们不同层次的精神需要。深入挖掘农业价值，可以为农业产业融合提供依据。

就融合农业内容而言，主要是向两个方向拓展。

第一，农业产业链的纵向延伸。农业产业链条可以涵盖农业生产的产前、产中、产后各个环节，从农业产前的农资生产与技术开发到农业生产过程中的社会化服务，再到产后的农产品储藏、深加工、运输、销售等环节，按照经济学的理论，产业链延伸可以实现农业的增值增效。具体实践不可做机械理解，如有的农业园区规定所生产的农产品加工率必须达到一定的比率，其实无此必要。因为农产品的价值并不总是随着加工环节的增加而增加，种植番茄不必要加工成番茄酱再出售，种植苹果也不是一定榨汁才算加工。实际上，农业产业链延伸长度不是看加工环节多少，而是看能否有效满足最终消费者需要。“农家乐”之所以受到欢迎，就在于它环节最少，但产业链延伸得最长，一步到位，从地头延伸到了餐桌。

需要指出的是，农业产业链的纵向延伸，除了沿着传统的生产、加工、销售这一主链延伸维度，还有诸多支链或侧链延伸方向，如编织、刺绣、纺织、印染、雕刻等乡村手工业的发展，也是产业融合的重要内容。乡村手工业具有变废为宝、循环利用的特征，如利用小麦的茎秆发展麦秆编织，是产麦区农民一项人人可做、成本很低、效益可观的家庭副业。麦编一般是用麦秆先编成草帽辫，然后再加工成草帽以及提篮、茶具垫、草花束、花瓶等日用工艺品。也可直接用麦秆粘贴麦秆拼画等工艺品，除国内市场需要外，还大量出口，在国际市场上享有盛誉。还有利用玉米皮纤维长、拉力强、柔韧白洁等特点，做编织原料制作玉米皮门帘，同样别具特色。门帘采用竖线形编结方法，连环索结，节多易动，启掀自如，有人出入或微风轻拂，自然摇曳，婆娑多姿。由素色、彩色、纹饰三种玉米皮制作的坐垫，具有通风、散热和吸潮等特点。玉米皮地毯色泽典雅，铺设室内，顿生清凉之感，据说用玉米皮可以做出 7 000 多种花色的产品。仅胶东地区，销售即达五大洲 60 多个国家和地区，年产值高达 6 000 余万元。

第二，农业产业的横向扩展。横向扩展包括两层含义：第一层含义是农业多功能的发挥，农民收入长期徘徊难以有效提高，一个重要原因是农民只能获得有限的农产品收入，而不能获得农业价值的综合收入。农业除了具有提供农产品的价值外，还有生态价值、景观价值、体验价值和教育价值等。从传统农产品生产功能拓宽到农业生态、生活、景观、休闲、度假、教育与创意产业，就极大地拓宽了农业收入空间。这是近些年休闲农业、体验农业以及教育农业得以发展的重要原因。第二层含义是农业产业与乡村、文化和景观等要素融合，人们常说的“文旅农”融合，就是把文化、旅游融入农业，成为农民增收的有效途径。农业和文化的结合，不仅赋予农产品文化内涵，获得品牌价值，还使农业直接成为文化项目。

需要指出的是，融合农业不能离开村落，村落为融合农业提供了丰富的文化内容。几年来，政府大力提倡的“田园综合体”，本质上就是村落、文化与山水林田的融合，其中村落是核心。有些田园综合体项目之所以失败，一个重要原因在于它排斥了村落和农民。

融合农业在哪里实现融合？也就是融合农业的主体问题。

有些地方把独立的农业生产、农产品加工和销售者联合起来，把一个区域内的一二三产业之间的对接称为融合；有的主张在产业园区搞加工业，延长产业链就是融合；有的认为发展农业观光、乡村旅游就是融合。这些提法和做法，与融合农业的本意相差甚远。

什么才是融合农业呢？我在贵州的西南，看到农民在路边

在路边烤玉米的农民实现的就是融合农业收入

烤玉米，我问多少钱一穗，农民告诉我5元一穗，他们每天可以卖100多穗玉米，一个季节可以卖20天左右，那里一年种两季玉米，烤玉米的农户，每年最少可增加2万多元收入，有些农户收入甚至可达6万元以上。为什么种玉米可以获得这么高的收益，就是得益于产业融合。烤玉米的农民背后就是自己的承包地，种玉米是第一产业；烤玉米属于加工业，是第二产业；把玉米卖给过路人，那是第三产业。这样，一二三产业链就在一个农户身上实现了,各个环节所产生的利润,就都留给了农户。这叫农业的融合。如果不是这样，农民负责种玉米，把玉米交给园区的工厂进行加工，加工厂再把产品交给超市或电商，由他们卖给消费者，这样的“接二连三”当然是重要的，但不是融合，而是不同产业环节间的对接，因为这个产业链条发生在不同主体之间。融合农业的主体，可以是农户、家庭农场、农民合作社，其他主体不具备实现融合的基本条件，农业产业融合必须限定在农民主体内部对农民才有意义。像国外的“酒庄酒”，是融合农业，自己种葡萄、自己酿造、自己销售或吸引人来体验，这是融合。这个经验到了我们国家，很多所谓酒庄，大多是私人会所或旅游地产，对农业的贡献几乎为零。

最近，人们提出了庄园经济的概念，是一个新的农业产业融合的方向。庄园经济的目的是综合利用农业资源，实现农业、加工业、服务业与田园、乡村、文化的高度融合，有效增加农民的收入。

本章基于农业的公共产品性质，认为规模化、科技的运用、产业调整以及市场化等措施是必要的，但不是必然增加农民收入的措施。从政府农业角度看，适度规模加政府精准补贴是农民增收的有效措施。从农民农业角度看，发展特色农业和融合农业，是增收的有效途径。那么问题来了：需要什么样的政策和制度保障，才能发展出特色农业和融合农业？

第四章

农民与土地

农民是把半截身子都插到土里的人

农民和土地的关系，就像农民与农业关系一样。农民离不开土地，土地也同样离不开农民。人们常说，土地是农民的命根子。从理论上讲，农民应该是最珍惜土地的群体。可是这个千百年适用的判断，今天却不灵了。因为农民对土地的热爱程度在降低，年轻人对土地已经无感情可言，甚至出现了盼望自己的耕地被征占而换取眼前利益的现象。当农民普遍缺乏保护耕地意识和行为之后，恐怕再好的政策和技术都难以发挥应有作用，因为没有人可以替代农民完成保护耕地的责任。如何培养农民对土地的感情，恢复农民保护耕地的主体责任，是农业的可持续发展和国家农业安全必须考虑的问题。

第一节
农民是土地的“保护神”

人们常说，农民是土地的保护神，土地是农民的命根子。到底农民和土地是一种怎样的关系？作家、艺术家比一般人更能敏感感受到问题的存在，并艺术化地再现出来。

作家王梓夫先生写过一篇小说《向土地下跪》，可以帮助人们形象地理解农民与土地不可割舍的感情。

小说全力塑造了康老犁这样一个地道的农民形象：“方圆百里有名的庄稼把式”，做梦都想拥有属于自己土地。地主冯有槐得知土改信息，利用康老犁对拥有土地的强烈向往，提出向其“租妻生子”换土地的条件。康老犁终于有了属于自己的土地。结果，好景不长，土改时长工康老犁成了“地主”，地主冯有槐成了“贫农”。当地主还没尝出滋味儿来，他的地就被分了。小说的故事梗概如下：

“连康老犁自己都觉得奇怪，他的大部分土地分给了别人，他感觉到的不是动心动肝的心疼，而是动心动肝的牵挂。”“就像自己的女儿嫁出去了。”竟然每天早上，扛着锄头出了村口，到那些被分出去的地里转一转。开始的时候，许多人害了怕，以为他是要像还乡团一样反攻倒算。后来发现他并无恶意，到了谁分到的地里，总是非常仔细地打听，用了多少肥，下了多少种，种的是什么庄稼。絮絮叨叨地叮嘱着那些地的新主人：这块地低洼易涝，该种高粱；这块地偏碱，该施用一些草木灰；这块地沙性好，可以种西瓜……时间长了，康老犁成了这些农户的参谋。不但耕种的时候向他请教，连田间管理，留多少苗，锄几遍草，喷什么农药，都要一一听他教诲。在柳林庄，都知道他是大师级的庄稼把式，还选他当上了负责农业生产的副社长。

后来又“高级社”了，康老犁作为阻碍高级社的典型被抓了起来，给他戴上破坏高级社的纸帽子，把他拉到集市上游斗……以后人民公社，接着“文革”，从此，“掏大粪”成了他这个地主分子的主要工作。康老犁却一点儿都没有感到“低贱”，至于脏和累更不在他的话下。庄稼人哪儿有怕脏怕累的。相反，他对自己的工种似乎还非常满意，干得很起劲儿。因为他懂得“种地不施粪，等于瞎胡混”。人喂地，地才能喂人。

再后来，农村改革了，康老犁最心爱的那块土地又分到他的名下。他重新找到了拥有土地的感觉，在土地上倾注了全部心血。但是好景不长，开发商看中了这块地，要建高尔夫球场。在村民大会上，康老犁的儿子康土地，挥着拳头向村民许诺发誓，要带领柳林庄“一步进入小康”。过去不是喊“共产主义”吗？不是喊“楼上楼下电灯电话”吗？只要把高尔夫球场建起来，这都不算什么。建一个球场，村里就成为天堂，所有村民都是股东。每年分红利，身不动膀不摇，到时候您就等着在家点钱吧。这政绩不仅仅是柳林庄的，也是镇里的，更是县里的。宏伟的蓝图，幸福的前景，赢得了村里的大多数干部和村民的支持。

有这样的好日子在前面等着，傻瓜才反对呢。康老犁就是这样的傻瓜。他整天追着儿子吵，像疯了一样在柳林庄大街上喊着儿子的名字，骂他是败家子，骂他是汉奸卖国贼。康老犁越骂，高尔夫球场的项目进展得越快。他猛然间想起了当年“抗日”时的一条标语，“庄严国土，守土有则”。就求小学教师给他用大红纸美术字写下来，贴在他的守候耕地的窝棚门口。康老犁成了一个捍卫国土的战士，他的心潮也像战士一样澎湃着。

康老犁反对管什么用，螳臂当车，蚍蜉撼树。高尔夫球场的奠基仪式搞得非常隆重，两个特大号的推土机，装甲车一样，轰隆隆直奔着庄稼地来了。

康老犁明白了，这两个庞然大物是来将庄稼地碾平的。康老犁抡着大粪叉冲了过去，横在了推土机的前面。声嘶力竭地喊着：

“不能啊，不能啊，你们不能这样啊……”

“败家的东西，你不能把我们的命根子毁了啊……”

“这土地是祖宗留下来的，你问祖宗同意了吗？这土地是留给后辈子孙的，你问子孙同意了吗？”

绝望的康老犁选择跪向了土地。接着，挚爱土地的农民也纷纷跪向了土地。

这个故事给我们很多思考，农民与土地到底是一种怎样的关系呢？

土地是农民的衣食父母。土地里能长出粮食，土地里蕴含着生命，有了土地就有了活命的依靠，有了生活的依托。只要有一块土地，农民心里就踏实。

首先，土地为农民提供就业保障。人总是要有事情做，以此获得收入来源，养家糊口。耕地给农民提供了稳定的就业载体，是农民赖以生存的最稳定的生产资料。农民祖祖辈辈凭着这块土地维系个体生存和家族的延续。有人在计算农民收入时，时常会问及类似“如果除去劳动力成本收入多少”，得到的答案往往是，除去劳动力成本农民没有收益甚至亏本。这种问法是没有道理的，就像问我们教师，除去你的劳动力收入你赚了多少一样。土地对农民的就业功能也一样，只不过是农民凭借土地这一特殊生产资料为自己打工而已，他们辛勤耕作换回来的实际上就相当于自己的劳务收入。但是与给别人打工不同，土地给农民提供了稳定的就业保障，只要自己的劳动能力在，就不会失业；而且这个劳动是有明确预期的，农民相信“人勤地不懒”，只要努力就有收获，不会被拖欠工资；这种劳动也是自由的，种什么，什么时候种，怎么种，自己做主，不受他人支配。更重要的是，土地还给农民提供了一种发展机会。今年种粮食，明年可以发展蔬菜、水果等经济作物，后年还可以发展观光农业、体验农业。随着科技的不断进步，农民凭借这块地，也会不断地与时俱进，发展出更高水平的农业类型。

在农村社会保障体系不完善的情况下，土地的社会保障功能和化解危机功能是不可忽视的。社会每每遇到危机，大量外出打工的人，就会返回家乡，凭借家里的一亩三分地，保障一家生活无忧。正是在这个意义上，土地也被称为社会危机的“蓄水池”，在遇到经济危机时，农民“返乡就业”，从而维护了社会的稳定。

其次，土地满足农民的生活需要。对农民来说，农业活动既是生产，也是生活的重要内容。生产满足的是就业与劳动需要，人通过劳动获得收入的同时也实现自己的价值追求，农业活动所体验到的成就感和幸福感是农民在所有活动中最持久、最深刻的体验。农业生产活动是农民获得生活来源最稳定的途径，劳作获得粮食、蔬菜、水果，甚至肉、蛋、奶等生活必需品。自给自足，不依赖市场即可获得新鲜、安全的农产品，是农民的重要福利。有人忽视了农民的这一福利，对占用农民耕地的补偿,总能听到类似“我们没有亏待农民”“农民不知足”等抱怨。实际上，失地农民失去的不仅是土地，也失去了附着在土地上的生活福利。给农民的各类补偿很少计算失地农民依靠市场购买而不降低生活质量的成本。即使给了较多的“补贴”，也只不过是把农民变成“有钱的穷人”，失去工作，过坐吃山空的生活。

三是获得情感体验，农民在农业劳动过程中实现着与大自然的互动，体验着人与自然的关系，形成了尊重自然和利用自然的地方知识；积累丰富的土地利用经验，满足农民创新与成就需要；在长期的农业生产过程中，培养出对土地深厚的感情，成为生态文明和可持续发展重要社会文化基础。在农业劳动过程中培育了农民的感恩情怀，他们感谢大自然，祈盼风调雨顺；感恩土地，生生不息，年复一年地为世世代代的人们提供了生存的条件。在《向土地下跪》一书中有句话："只有把土地当成亲爹亲娘的人，才是真正的农民。土地撂了荒，就等于是不孝儿女不养爹娘。"其实，农民不仅把土地当成衣食父母，也把土地当成自己孩子一样悉心照料和培育。土地是有生命的，修水利、造梯田、平整土地，农民把土里的石头一块块拣出来，把有机肥一筐筐背进去，在农民精心呵护下，土壤变得越来越肥沃。心理学家认为感情是通过付出培养出来的，一个人付出越大，对所付出的对象感情就越深。农民对土地的深厚感情就是通过种种艰辛的付出建立起来的，"肥水不流外人田"的笑话不是笑话。有人说，农民是理性的，当土地可以换钱时，他们就不再珍惜土地。其实，这样的农民不是真正的农民。真正的农民从来就是把卖房子、卖地当成"败家子"行为。

那么，又是什么原因，让今天的农民不再珍惜土地了？

首先，土地保护制度没有将农民纳入耕地保护主体范畴，没有明确农民在耕地保护中的权利和义务[①]。2006年,《国务院关于加强土地调控有关问题的通知》明确了耕地保护责任人是地方各级人民政府:“地方各级人民政府主要负责人应对本行政区域内耕地保有量和基本农田保护面积、土地利用总体规划和年度计划执行情况负总责。”《中华人民共和国土地管理法》(2019年)也明确省、自治区、直辖市人民政府应当严格执行土地利用总体规划和土地利用年度计划，采取措施，确保本行政区域内耕地总量不减少、质量不降低。但是，长期以来，受GDP政绩观影响，地方政府作为耕地保护的主体，非常便捷地实现其“上有政策，下有对策”的行为目标，在耕地保护实践中“天马行空，独来独往”，耕地保护实际上成为地方政府自导自演的“独角戏”。这种由政府一家“包打天下”的耕地保护机制已经使中国的耕地保护实践付出了沉重代价。所以，才创造出了各种偷梁换柱耕地保护行为，让基本农田“上山”“下滩”的奇怪现象。

尽管2018年颁布的《中华人民共和国农村土地承包法》从承包方所承担义务的角度规定了“依法保护和合理利用土地，

① 张德元，谁让耕地保护中的农民“消失了”，国土资源导刊，2012年第5期。

不得给土地造成永久性损害”，但农民实际上成为耕地利用的被动接受者，自然不会有保护耕地的意识和义务，更不会付出保护耕地的实际行动，甚至农民也希望自己的承包地被征占，以换取眼前利益。大量的土地纠纷上访事件，不是农民和地方政府在保护耕地上的分歧，而是利益分成的矛盾。在这样的情况下，中央政府保护耕地的初衷，就被各种“下有对策”大打折扣。

其次，排斥农民主体地位的种种做法，削弱了农民保护耕地的内在动力[①]。弱化农民主体地位的做法通常有两类，一种做法是消灭村落，让农民集中“上楼”，失去经营农业的空间条件，如没有了庭院种植和家庭养殖的院落，远离耕地，没有存放农具和储存农产品的空间。然后动员农民把土地流转给公司或大户，把农民变成既拿地租，又挣工资的农业工人。从此，农民与土地分离，完全成为耕地保护的旁观者。另一种做法是要农民土地入股，把农民变成股东，从此不用操心农业生产和土地利用，可以安心外出打工，等着年底“分红”。两种做法本质上是一样的，都是无视农民对土地保护的重要作用，隔断了农民与农业联系，弱化农民保护耕地的主体责任。

---

① 朱启臻，保护耕地必须维系好农民的主体地位观点，人民论坛，2018年03期。

耕地的保护，不仅表现在数量的保护，还有质量的保护。政府或许在耕地数量保护方面可以做文章，但离开农民，耕地质量保护则无从谈起。农民是将一生都插进了土地的人，最热爱土地的、最了解土地的，都莫过于他们。他们是地力的培育者，

骑着摩托车往地里背粪的农民

深谙什么时候该松土，什么时候该灌溉。用地和养地结合，养地重于用地是他们对待土地的永恒态度。农民特别注重培育土地肥力，创造了循环利用、施有机肥、休耕、间种、轮作等一系列爱护土地、合理利用土地的知识、技术和理念，在农业生产中被生动实践并传承至今。只用地不养地，掠夺性使用土地，破坏耕地，是为农民所不齿的行为。

观察农民和农田的关系，可以深刻体验到人类的生产与自然之间似乎有一种天然的和谐共存关系。农民作为农田的利用者，以“园丁而并非统治者的姿态”，顺应自然、精耕细作。他们了解每一块土地甚至同一块地不同位置的地力情况、适宜的作物，他们所遵循的规则从来都是围绕着“天时、地利、人力、物宜”开展的，“天地人物协调统一”的发展观自始至终贯穿于农民的生产过程中。这就是农民对待农田的态度，也只有农民才能做到。农田、农民、乡村，三者是不可分割的有机整体，保护耕地要从保护乡村和维系农民对土地的主体地位开始，任何消灭乡村和排斥农民的行为，都会对耕地保护和可持续利用耕地造成威胁。

因此，找回耕地保护主体，才是耕地保护最根本的事情。有些地方兴起的农民耕地保护协会，是值得重视的现象。可能预示着农民在耕地保护中主体作用发挥的某种趋势，但更重要的是从制度上赋予农民保护耕地的权利。不仅要让耕者有其田，还要让耕者有其权，让农民真正感觉到保护耕地是“自己的责任”，才能激发农民像对待生命一样爱惜耕地。要使农民成为耕地保护的决策者、监督者，事实上，只有农民自己最懂得怎么保护耕地。恢复农民保护耕地的主体地位，中央政府保护耕地的初衷才能变为农民的行动，保护耕地的各项政策与技术措施才能真正落实到实处。

第二节 坚持长久不变

1. 农户经营长久不变制度的形成

1978 年 12 月，被史学家认为是风起云涌的一个月，因为在这个月里，发生了好多改变历史的大事。中美双方在这个月的 16 日同时发表《中华人民共和国和美利坚合众国关于建立外交关系的联合公报》；18 日，具有划时代意义的十一届三中全会在北京召开，国家大事应接不暇。此期间有件小事，后来也载入了史册，这就是小岗村的“分田到户”。

这个不为人知的小村庄，位于江淮腹地，区域上属于凤阳县，

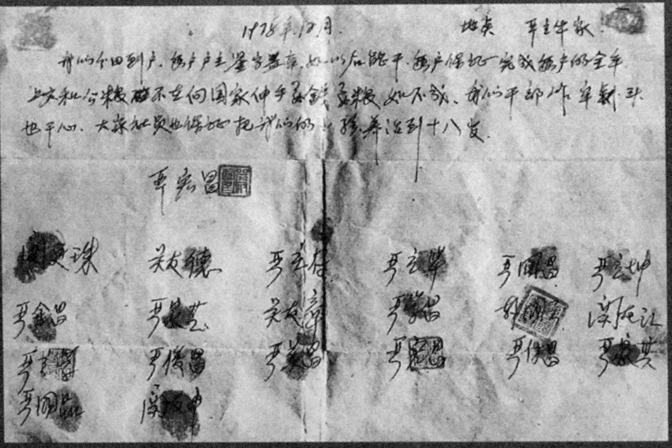
1978年12月 地点 严立华家

我们分田到户，每户户主签字盖章，如以后能干，每户保证完成每户的全年上交和公粮，不在向国家伸手要钱要粮。如不成，我们干部作牢杀头也干心，大家社员也保证把我们的小孩养活到十八岁。

严宏昌

“我们分田到户，每户户主签字盖章，如以后能干，每户保证完成每户的全年上交和公粮。不在（再）向国家伸手要钱要粮。如不成，我们干部作（坐）牢刹（杀）头也干（甘）心，大家社员也保证把我们的小孩养活到十八岁。”

"We allocated plots of land to households and the head of every household signed and sealed. If we succeed and every household guarantees to hand in the annual amount of grains and agricultural tax paid in grain and no longer ask the country for money and grains. If we fail, we cadres would be willing to be jailed and even to be decapitated and the commune members would assure us that they would bring our children up until they are 18.

小岗村农民的手印成为中国乡村改革的象征

当时有 18 户人家，110 口人。村民共同的记忆就是“穷”，据账目记载，从 1966 年到 1978 年的 156 个月里，87 个月靠救济度过，每到临冬季节，家家闭门堵户，老幼相携，他乡乞讨。就在这个月一天的夜里，18 户人家的代表聚集在一间茅屋里，商量如何不再做叫花子而靠自己养活自己。求生存的本能让他们想到了“分田到户”，但他们知道这是冒天下之大不韪的事，贸然行事，可能有生命危险，就这样纠结一夜，在“敢”与“不敢”之间徘徊。直到天亮，牵头人严宏昌终于痛下决心写下了后来被国家博物馆收藏的“文书”。主要内容是，分田到户，如果被杀头，社员帮着把小孩养到 18 岁。

其实，只要是中国农民，都明白这样的道理，把地分给老百姓，很多地方的饥饿问题就迎刃而解。问题是受到意识形态的制约，分田到户是“资本主义”，集体劳动才是“社会主义”，这个框框很难突破。在北京，直到 1983 年一个“冰棍队”[①]，在要坚持走“社会主义道路”口号下，不肯把耕地分到农户，直到时任总书记的胡耀邦亲自批示，才予纠正。可见当时改革的难度。

从中央政策看，家庭联产承包责任制的确立也经过了一个过程，如 1979 年十一届四中全会通过的《中共中央关于加快农业发展的若干问题的决定》，还明确指出不允许分田单干，也不要包产到户。1980 年，中央印发《关于进一步加强和完善农业生产责任制的几个问题》，提出对包产到户要做差别化处理，长期“吃粮靠返销，生产靠贷款，生活靠救济”的生产队可以包产到户。尽管当时全国包产到户已经超过了 228 万个核算单位。

---

① “冰棍队”是对当时生产队贫困状态的比喻，意思是农民一天的工值可以买一根冰棍。当时的冰棍有两种：三分钱一根和五分钱一根。

由于长久不变的政策，农民才舍得在土地上投入发展果树产业

1982年的一号文件才明确提出，包干到户的经营方式是建立在土地公有基础上的，农户和集体保持承包关系，不同于合作化以前的小私有的个体经济，是社会主义农业经济的组成部分。被后来认为是从理论上为包产到户的社会主义性质找到了依据。至此，消除了意识形态对农业家庭经营改革的阻挠。

1983年1月2日，中共中央发布《当前农村经济政策的若干问题》，认为家庭经营“这种分散经营和统一经营相结合的经营方式具有广泛的适应性，既可适应当前手工劳动为主的状况和农业生产的特点，又能适应农业现代化进程中生产力发展的需要”。到1983年底，包产到户的农户占总农户数达到94.5%。至此，关于家庭经营“姓资”“姓社”的争论告一段落，家庭经营为基础、统分结合的双层经营体制基本形成。

接下来，家庭承包经营制度沿着强化稳定农民与土地关系的方向顺利发展。

1984年的一号文件，提出“延长土地承包期，鼓励农民增加投资，培养地力，实行集约经营。土地承包期一般应在十五年以上。”这是15年不变的“第一轮承包”。1993年的中央11号文件，又将土地承包期延长至30年，被称为“第二轮承包”。为避免土地的频繁变动，11号文件特别提出在承包期内“增人不增地，减人不减地”的办法。2008年十七届三中全会进一步指出：“赋予农民更加充分而有保障的土地承包经营权，现有土地承包关系要保持稳定并长久不变。”这对于稳定农民与土地的关系具有深远的理论和现实意义。

长久不变政策带来的第一个效益，就是给农民稳定的土地预期，极大地调动了农民的积极性，真正给农民吃了一颗“定心丸”。我关注的一个承包了几十亩地的农户，甚至把住房搬到承包地，全家日夜都守在承包地上，男女老少齐上阵，绿化荒山，平整土地，改造土壤，植树种粮，打井修路，购置农机，不分黑天白天，也不论春夏秋冬，像对待生命一样爱惜土地，极大增加了土地投入的热情，强化了农民对土地的责任。从当时的卫星地图上，一眼可以看出，这户农民承包地绿郁葱葱，与旁边灰头土脸的工商资本流转的耕地，判若两重天。后来，改造好的耕地被地方政府流转给开发商欲建别墅和度假村，农民在承包地上盖的房子则被作为“违章建筑”责令拆除，本想返乡子承父业接班做农业的子女们见此情景也自然放弃了当农民的想法。一块浸透几代人心血的耕地，在保护耕地的口号下面临被废弃的危险。这种结果令人痛心，耕地保护问题我们后续讨论。

长久不变政策带来的第二个效益，就是为培养农业后继者创造了条件。我们知道，稳定的高素质的农业后继力量，是国家农业安全的重要保障。现代农业既不能靠老农民，也不能靠“临时工”。只有长久不变的土地关系，才会有人把农业当成终生的事业。在长久不变政策执行好的地方，我们欣喜地看到，老年人干不动了，儿子和儿媳妇，辞去城里的铁饭碗，回乡当农民。新一代的农民已不同于他们的父辈，凭借自己的知识技术和新的发展理念，所创造的是一种崭新的农业类型和农业前途。

2019 年 12 月，按照党的十九大提出的“保持土地承包关系稳定并长久不变，第二轮土地承包到期后再延长三十年”的要求，中央授权新华社发布了《中共中央国务院关于保持土地承包关系稳定并长久不变的意见》，明确了长久不变的政策内涵，归纳起来就是“两不变、一稳定”，即保持土地集体所有、家庭承包经营的基本制度长久不变，确保农民集体有效行使土地所有权、集体成员平等享有土地承包权，这是一个“长久不变”；

保持农户依法承包集体土地的基本权利长久不变，家庭经营在农业生产经营中居于基础性地位，农村集体经济组织成员有权依法承包集体土地，任何组织和个人都不能剥夺和非法限制，这是一个“长久不变”。保持农户承包地稳定，农民家庭是土地承包经营的法定主体，发包方及其他经济组织或个人不得违法调整。第二轮土地承包到期后应坚持延包原则，不得将承包地打乱重分，确保绝大多数农户原有承包地继续保持稳定。

2. 长久不变不是不变

不知道从什么时候开始，有些人对“长久不变”开始质疑。一方面，一部分人开始了类似于改革初期对“大包干”意识形态的争论，认为“长久不变是私有化”，私有化就是资本主义，大有收回农民承包地重走回头路的架势。另一方面，认为工业化、城镇化背景下，农村劳动力流动加速，大量的在外打工者不再种地，却拥有承包权，这部分人越来越普遍。而在家从事农业生产的人，又没有足够的耕地。

对于习惯于意识形态思考问题的观点不需讨论，因为从 1982 年的中央一号文件清楚地指出，农户为基础的承包经营属于社会主义农业经济的组成部分。

2016 年 4 月 25 日，习近平总书记在视察凤阳县小岗村，了解当年18户村民按下红手印，签订大包干契约的情景，总书记感慨道："当年贴着身家性命干的事，变成中国改革的一声惊雷，成为中国改革的标志。"[①] 习近平总书记在安徽凤阳县小岗村主持召开农村改革座谈会并发表重要讲话，指出新形势下深化农村改革，主线仍然是处理好农民和土地的关系。最大的政策，就是必须坚持和完善农村基本经营制度，坚持农村土地集体所有，坚持家庭经营基础性地位，坚持稳定土地承包关系。提出农村土地制度改革不管怎么改，不能把农村土地集体所有制改垮了，不能把耕地改少了，不能把粮食生产能力改弱了，不能把农民利益损害了。四个"不能"，为长久不变确定了明晰的政策底线。

应该说，长久不变，是为了变得更好。

事实上，从农户经营制度确立伊始，变就是其主题之一。早在1984年中央一号文件就规定了社员在承包期内因无力耕种或转营他业的，可以将土地交给集体统一安排，也可以自找对象协商转包。当时，一些人外出经商，无力经营农业，为了维持耕地承包权，就把耕地给亲友或邻里耕种，承包者自己负担"三提五统"费用，耕种收益全部归耕种者。一旦在外边不能立

① 马望原，改革要常讲常新，人民日报，2020年1月31日1版。

足，便把回家种地当成退路。

2008 年十七届三中全会，明确指出要建立健全土地承包经营权流转市场，按照依法自愿有偿原则，允许农民以转包、出租、互换、转让、股份合作等形式流转土地经营权，发展多种形式的适度规模经营。此后，历年的一号文件，都对土地流转做出明确规定。

2014 年中央一号文件明确提出，在落实农村土地集体所有权的基础上，稳定农户承包权，放活土地经营权。“三权分置”的提出，标志着农地产权制度的进一步完善，有助于促进土地经营权的流转，提高农村土地使用率。2018 年，新修改的农村土地承包法把“三权分置”写进了法律。承包方承包土地后，享有土地承包经营权，可以自己经营，也可以保留土地承包权，流转其承包地的土地经营权，由他人经营。国家保护承包方依法、自愿、有偿流转土地经营权，保护土地经营权人的合法权益，任何组织和个人不得侵犯。

问题是，如何流转农民土地才是最平稳、最安全、最有效呢？

就目前各地土地流转经验看，主要有以下三种做法。

一是集体“收回”耕地统一经营。其依据是 2014 年 11 月，中共中央办公厅、国务院办公厅印发《关于引导农村土地经营权有序流转发展农业适度规模经营的意见》，要求健全土地承包经营权登记制度，提出“土地承包经营权确权登记原则上确权到户到地，在尊重农民意愿的前提下，也可以确权确股不确地”。很多地方借机以集体名义收回农民土地，美其名曰“股份制”，以各种手段排斥农民的承包经营权。2015年的一号文件，进一步明确了确权方式，即总体上要确地到户，从严掌握确权确股不确地的范围。实际上，并没有遏制少数村动农民承包地的冲动，很多典型村、示范村被树立起来，大多是把土地以股份制的名义统在一起，靠搞非农产品勉强支撑，甚至有的村庄千方百计寻求“一卖了之”。农民不再知道自己的承包地具体在哪里，当然也就不会再有保护土地的意识，这样的“集体”往往获得很多改变土地用途的优惠政策，同样是违章建筑，个体的被拆除了，集体的就被保留了，以维系所谓典型的延续。

二是政府主导的大规模流转。受某种政绩观支配，也可能因为确实对农业特点知之甚少，一些地方大搞招商引资，贪大求洋、好大喜功，动辄成千上万亩，追求成方连片，在他们眼里机械化等同于“现代化”，认为只要“规模了”“壮观了”，一切问题就会迎刃而解。其结果，往往事与愿违，一方面，因人为拉高地租，增加农业成本，积累了规模风险。另一方面，制造出失地农民，引发各类矛盾。既难以对农业做出应有贡献，也没有实现农民应有利益。有些企业苦不堪言，只能一走了之，留下了一块块规模化荒地。2015 年，农业部等四部门制定《关于加强对工商资本租赁农地监管和风险防范的意见》，予以纠正土地流转偏差，规范土地流转行为，明确要求不搞大跃进，不能搞强迫命令，不能搞行政瞎指挥，再次强调坚持经营规模适度，避免片面追求超大规模经营。引导工商资本做自己适合做的事情。

三是土地的自然流转。这是农民自愿、自发的流转方式。一部分劳动力进城经商、务工或通过考学离开了乡村，土地不再是他们收入的主要来源，于是他们就把自己的承包地转让给自己的亲友耕种。这种形式的流转有四个好处：自然平稳过渡，承让与承受均出于自愿，不产生任何矛盾；没有地租，不增加农业生产成本；没有失地农民，不会引发利益冲突；符合受让方的经营能力，容易形成符合当地实际的适度规模。

在山东栖霞，有个种苹果的农户，户主叫王耕（化名），家里有三亩果园，夫妻两个劳动力。后来邻居的两亩果园也转给了他。首先，没有地租负担，因为邻居的儿子大学毕业在城里工作，不再回来种地，父母年纪大了也快干不动了，所以被儿子接到城里一起居住，地不能荒废了，就送给了邻居。王耕说，最多春节给他们送几箱苹果就是了。其次，没有流转年限的限制，只要国家不变政策，这块地就归他经营了，不用担心反复无常变故。其三，符合他家两个劳动力的经营规模。村里还有人要把土地送给他种，王耕说“不能再要了”，五亩果园已经是他们两口子经营能力的极限。春天疏花疏果，夏天除草打药，秋天采摘、储藏、销售，冬天修剪整枝，一年到头，每天都有忙不完的事情。

为什么不通过雇工多流转一些果园呢？

王耕说：“管理果树是个技术活，需要有责任心。雇来的人缺乏责任心，比如疏花、疏果、套袋，如果不负责任，很可能把质量差的、难以成为一级果的花、果留下，而把质量高的花、果疏掉。再有，现在的人工很贵，每天每个工需要150元以上，还要送烟、管饭，成本太高；农业雇工是季节性的，最忙的时候往往多花钱也雇不到人。”

“村里有个在外承包工程的，前几年看到苹果赚钱，回家流转了100多亩果园，靠雇人管理果园，连续赔了好几年，现在废弃了，草长得比人还高。”

我问他，再过十年，你们也老了，干不动了，儿子会回来种苹果吗？

回答说，“不会”。他儿子已经在大城市工作了，收入很好。

“将来这些苹果园咋办？”

“会有人种地的，我们干不动了，就送给愿意种地的

通过自然流转形成的小型家庭农场果园

人种。”

这就是农民间的土地流转。自然、自愿、自发的流转。当然也有不足，对只争朝夕追求政绩的官员来说，流转速度实在太慢，然而，这就是农业规律，违背不得。总书记多次指出：“要把握好土地经营权流转、集中、规模经营的度，发展农业规模经营要与城镇化进程和农村劳动力转移规模相适应，与农业科技进步和生产手段改进程度相适应，与农业社会化服务水平提高相适应，不能片面追求快和大，不能单纯为了追求土地经营规模强制农民流转土地，更不能人为垒大户。”[①] 这三个适应所显示的就是土地与农民的关系。农民的地农民种是必须坚持的基本取向，所以，习近平强调：“农村土地承包关系要保持稳定，农民的土地不要随便动。农民失去土地，如果在城镇待不住，就容易引发大问题。这在历史上是有过深刻教训的。这是大历史，不是一时一刻可以看明白的。在这个问题上，我们要有足够的历史耐心。”[②]

---

① 习近平，坚持和完善农村基本经营制度（2013 年 12 月 23 日），论坚持全面深化改革，中央文献出版社，2018 年版，第 74 页。

② 习近平，在农村改革座谈会上的讲话（2016 年 4 月 25 日），论坚持全面深化改革，中央文献出版社，2018 年版，第 259 页。

第三节
重新认识土地

土地是自然资源中最基本、最重要的资源。无论是水资源、森林资源、矿产资源、水产资源，还是动植物资源，都是附着在土地上的。土地是人类赖以生存和发展的物质基础，是一切财富之源。随着经济社会发展，对土地类型划分越来越多：农用地、住宅用地、建设用地、工矿用地、交通用地等；农用地也有多种类型：林地、菜地、养殖用地等。不同的用途，土地的自然属性、社会与法律属性就会发生变化。过去的教科书上说，土地的功能具有永续性特点，其实不然，比如农地被破坏了，被污染了，就难以永续利用了。我们这里只讨论农地，或者说进一步限定为种植业用地，即耕地。

1. 反思耕地理论

理论界赋予耕地的职能过于复杂，就像一棵树一样，越长越大，越来越枝繁叶茂，分支越来越细，赋予土地的功能和权利也越来越多，本是好事，但让人眼花缭乱，有鱼龙混杂的感觉。实践中人们对土地认识的混乱，大都与越来越复杂的土地理论有关。目前的土地理论而言，既保留了封建残余，也吸收了资本主义土地理论的内容，但并没有形成成熟的中国特色土地理论体系。比如，强调土地的财产职能。在封建社会，土地是典型的财产，可以自由买卖。买房子置地，是积累财富最有代表性的途径。进城女佣和黄包车夫，都想着蓄钱置地。但到了资本主义社会，耕地的财产权就受到了限制，尽管很多国家耕地属于私人所有，但国家不仅保留征用权，同时还实行严格的耕地用途管制制度。在美国有这样一个例子，佛罗里达州一个农场主，雇了几个工人种地，后来农场主感到种地不划算，打算辞了工人，搞房地产。结果，几个工人将农场主告到法院。法院审理，这块地只能作为农用地，不能改变用途，也不能解雇工人[①]。这就限制了耕地作为财富的价值，或者说，耕地很难成为值钱的财产。

我们是社会主义制度，农村耕地归集体所有，农民拥有的是承包经营权，哪里来的财产权？提出农民耕地的财产权，看似保护农民利益，实则让农民受到了更多伤害。有些做法甚为可笑，提出让农民在土地流转过程中获得财产收益，甚至有“流转致富”的口号。具体做法就是人为推高地租，少则几百元，

① 甘藏春，社会转型与中国土地管理制度改革，中国发展出版社，2014年版，第 8 页。

多则几千元，有的地租达到每年每亩12 000元，高到不可能做农业的情况下，就搞非农化。应该说，这些年的大棚房现象，就是在这种土地理论的影响下形成的。农民离开了土地也不愿意放弃自己的承包地，不是对土地有感情，而是惦记着土地的财产功能，盼着耕地被征占，严重影响了耕地的正常流转。

用传统地租理论解释今天的农地地租很多地方，显然不适用了。在大城市周边，耕地平整，土地肥沃，距离市场最便捷，理应有更好的农业发展环境。实际上有大片耕地闲置，甚至政府投资建设的供农民免费使用的温室大棚都被弃之不用。原因在于这些地方劳动力成本过高，非农就业更容易。不具备与山东、河北等地菜农的竞争优势。又如平原和山区，由于平原土地化为基本农田，反而不如山区耕地更具有投资价值。有人把投资理论用到了耕地上，认为投资耕地会保值增值，实际上成为很多人的“烫手山芋”。生产的粮食卖不出去，继续维持年年赔钱，有投入，没产出，体现的是耕地的负增值，所以出现投资农业的许多人血本无归，弃耕而逃现象时有发生。当然，有人运气好，赶上了征用土地，改变了土地的用途，这是另外需要讨论的问题。

现在大家又关心耕地经营权的抵押问题，在房地产发展过程中人们用地抵押已经得心应手，但是耕地的抵押却屡遭冷遇。

不用说经营权，连同承包权一起，如何抵押，谁能来抵押？农业经营者破产后，银行如何处置这块地，寻找更高明的人接着种地，有这样的人吗？或者改变土地用途，那是违法的。在任何情况下，试图用完全市场化的金融服务解决农业问题恐怕都是死路一条。解决农民贷款难的突破口，必须摒弃市场化思路，而采取政府的支持政策。

因为农业的公共产品性，决定了承载农业的耕地，只能是公共产品属性。所以才诞生了以保护耕地为宗旨的土地管理法，实行世界上最严格的用途管制，严格限制耕地的转为非农用地的规模、速度、总量和时序，着力保护18亿亩耕地红线。只有把耕地放在基本国策背景下审视其性质，才有助于明确政府与农民的土地责任。

2. 耕地的两个主要职能

土地问题始终与江山社稷和人民的福祉息息相关，与社会稳定和王朝更替紧密相连。以土地分配为核心的土地制度对社会稳定意义十分重大。一个国家的耕地，最主要的两个功能：对国家的粮食安全功能，对农民的社会保障功能。

耕地首要的职能是维护国家的粮食安全。习近平总书记多次强调中国人的饭碗任何时候都要牢牢端在自己手上。我们的饭碗应该主要装中国粮。他提醒人们:“保障国家粮食安全是一个永恒的课题,任何时候这根弦都不能松。”[①]特别是像我们这样的人口大国，解决好吃饭问题始终是治国理政的头等大事。有些人对粮食安全不以为然，认为通过市场进口粮食可以解决我国耕地资源不足和人们生活水平提高对粮食消费增长之间的矛盾。这种观点是对大国农业的特殊地位缺乏基本认知。且不说国际市场上粮食贸易量绝对无法满足我们的需要，假设能够满足的话，能把十几亿人的生命交到别国手中吗？悠悠万事，吃饭为大，历史经验告诉我们，一旦发生大饥荒，有钱也没用。解决 14 亿人吃饭问题，必须立足国内。

所以,政府要通过行政手段保护耕地。于是“藏粮于地”“藏粮于技”的战略就成为实现粮食安全的重要抓手。藏粮于地，就是要守住 18 亿亩红线，划定永久基本农田，建设旱涝保收的高标准农田。因此，我国实行了严格的土地用途管制制度，耕地上不是想种什么就种什么，也不是想怎么用都可以。市场对资源配置的理论是不能用到耕地上的。否则，就会在耕地上盖房子，挖鱼塘搞垂钓，甚至建度假村。藏粮于地，不仅要守住

---

① 习近平关于“三农”工作论述摘编，中共中央党史和文献研究院编，中央文献出版社，2019 年版，第 70 页。

数量红线，还有更重要的红线，就是耕地质量。农业工业化的结果，就是在改变农业面貌的同时，也伤害了农业的肌体。化肥、农药、地膜不合理地使用，导致土壤退化、养分失调、生物多样性减少、白色污染加剧、地下漏斗扩大等一系列生态环境问题。2014 年发布的《全国土壤污染状况调查公报》显示，全国土壤总超标率达到 16.1%，部分地区土壤污染严重。这些问题只能靠“藏粮于技”来解决。于是，政府出台一系列耕地保护的种种措施，轮作、休耕、秸秆还田、种养结合、配方施肥等技术广泛应用；以中国农业大学曲周改良盐碱地为代表的土壤改良技术得到普遍推广，使黄淮海平原 3 000 多万亩盐碱地得到改造；除了育种、肥料和栽培措施的改进，科技人员还独辟蹊径，开展了把荒滩、戈壁变成良田的科技攻关，为农业安全提供技术保障。

对农民来说，土地承担着不可替代的保障功能。“耕者有其田”历来是社会稳定的重要条件，新的封建王朝诞生后，第一件事情就是分田，休养生息，使经济获得快速发展。等强盛起来就开始土地集中，导致大批流民破产，接着再造反，推翻旧王朝，建立新王朝。当代中国，处理好农民与土地的关系，同样是关系到粮食安全和社会稳定的根本问题。

耕地对农民的意义，主要是提供就业保障，土地是农民赖以生存的基本保障，他们用付出的心血和汗水换取粮食和报酬，满足自己的需要，也保证着国家的农业安全。农民就像解放军保卫我们国土安全一样，保卫着国家的农业安全，没有其他人可以替代。企业经营农业赔钱了，可以宣布破产，可以去干更赚钱的事情。唯独农民对土地不离不弃，他们没有上班下班的区别，没有休假，也没有退休，无论丰歉，也无论赔赚，都不影响第二年接着起早贪黑继续生产。这就是农民与土地形成相濡以沫的关系，这就是农民与农业建立的水乳相融的情感。土地是财富之母，劳动是财富之父。只有通过农民的农业劳动，土地上才能生长出满足人类生存的财富需求。从这个意义上说，格外珍惜农民对土地的感情，保护农民的利益就是维护国家的农业安全。

前面谈到，农民是农业经营的主体，农户是最适合农业的生产单位，只要农民愿意并能够从事农业生产，不能以任何理由剥夺或排斥农民经营农业的主体地位，制造出失地农民。失地农民也就是失业农民。过去，把农民的土地变为国有，但不让农民成为城市居民，这种以压缩了农民的生存空间为代价的低成本的城市扩张，是一条不可持续的城市化道路。因此，农地的征用、转用，不是让农民获得所谓的“财产”收入而一征了之，而是以保障农民稳定就业为基本条件。“也不要以土地改革，城乡一体化之名，行增加城镇建设用地之类，这种挂羊头卖狗肉的事不能干。”[①]

3. 必须坚持的土地制度方向

无论是国家的角度还是农民的立场，耕地都不能作为获得暴利的工具，而是要在国家农业安全保障和农民就业保障权益之间寻找最佳的结合点。始终要坚持的是土地的可持续利用，利用土地既不能采用工业方式的“有水快流”，掠夺地力，也不能采用市场化方式，单纯追求“利益最大化”而改变土地性质。要为子孙后代留下一块可以永续利用的土地。要实现这一目标，以下三个方向是必须坚持的。

首先，要稳定承包权。家庭经营作为农村基本经营制度已经用法律的形式固定下来，历届政府都对稳定农民的土地权益做出了明确的政策规定，从 30 年不变到长久不变，体现了中央稳定地权的态度，2016 年 4 月习近平在安徽小岗村主持召开农村改革座谈会并发表重要讲话，他指出，小岗村是农村改革的

---

① 习近平关于“三农”工作论述摘编，中共中央党史和文献研究院编，中央文献出版社，2019 年版，第 49 页。

主要发源地。在小岗村大包干等农业生产责任制基础上形成的以家庭承包经营为基础、统分结合的双层经营体制，是我们党农村政策的重要基石。强调新形势下深化农村改革，主线仍然是处理好农民和土地的关系。最大的政策，就是必须坚持和完善农村基本经营制度，坚持农村土地集体所有，坚持家庭经营基础性地位，坚持稳定土地承包关系长久不变。十九大继续强调承包关系长久不变的原则，真正让农民吃上“定心丸”。

稳定农民对土地的承包关系，不仅在于维护农民利益，更为重要的在于只有农民与土地建立密切的关系，才能培养农民对土地的感情，激发和落实农民保护耕地的责任，为农业的可持续发展奠定基础。只有长久不变，才能培育出适度规模的家庭农场，才有家庭农场主的子孙后代愿意从事农业的可能，国家才能有稳定的农业后继者队伍。因此，家庭农场应该是可以继承的，只要农户的后代愿意从事农业，政府就应鼓励和支持他们，那种三年一变、五年一换的所谓农场不具备可持续家庭农场的特点。为什么今天总书记还在提给农民“定心丸”，原因就在于总是有人否定或怀疑农业家庭经营的生命力，试图动摇农民的土地权益，威胁着国家农业安全和可持续发展。一些人把给农民承包地确权颁证与耕地流转联系在一起，好像确权就

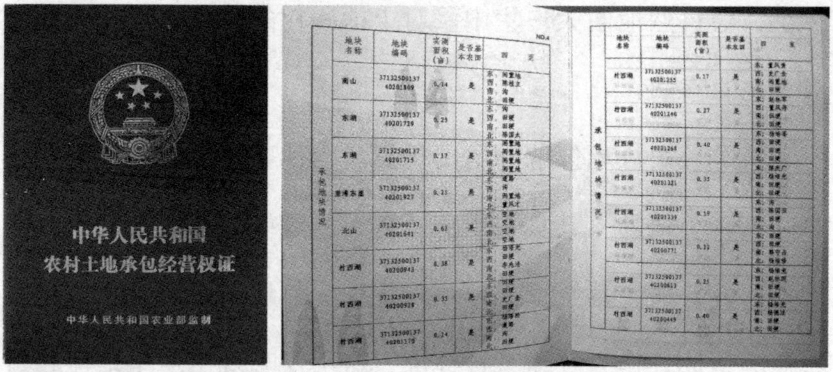

一农户确权了 22 块耕地，但不愿意调整在一起（照片为部分地块）

是为了流转耕地，这是对耕地确权的片面理解。确权的首要任务应该是确定农民对土地的责任，确立合理使用耕地的权利和保护耕地的义务。在山东费县，我们调查过农民对土地确权的态度，那里是山地，每个农户有十块到几十块地不等的耕地，面积小的不到一分。农民对确权非常满意，认为自己这回真的吃“定心丸”了。为什么不把这些地块调整在一起，形成一定规模更方便耕作？农民的理由是：每个地块土壤肥力不同，适合种的东西不同，有的地块种粮食或马铃薯，有的适合种豆子，有的地方适合种花椒和果树，适合山区农户的需要。再有，不同的农户在自己的耕地上已经投入了心血，不愿意和其他人调换，调整很麻烦。他们认为维持现状挺好，以后随着种地人减少了，会自然地向大户集中。对土地确权的态度，反映出农民对土地的感情。

其次，实行承包地的退出机制。为什么要流转土地，很多热心流转土地的人其实并不清楚。在实践中为了流转而流转的现象十分普遍，甚至把土地流转程度、耕地集中程度作为现代农业的指标，作为政绩考核标准，这不仅表现出对土地流转目的模糊不清，而且对现代农业理解也是懵懵懂懂。我们说，农业规模经营是必然趋势，这是由两个条件决定的：一个条件是一部分或者大部分年轻农民不愿种地，他们向往城市生活，这是工业化、城镇化的重要条件；另一个条件是一个国家必须要有人种地，特别是我们这样的人口大国，所以那些愿意种地的人就要种更多的地。这是规模经营的两个必要条件，其中包含着诸多无奈。所以规模经营不是农业经营的最理想结果，而是不得已而为之的选择。因为，政府要为此付出更高的支持农业的代价。就目前的土地流转理念、口号和做法而言，很难实现土地规模经营有序与可持续发展。一方面，夸大或强化了土地的财产功能，主张让农民通过流转土地获得地租收入，一些地方不仅规定实现农民财产收入的最低土地流转保护价，还规定了地租逐年上浮的幅度。其结果高地租催生了非粮化与非农化，推高的农业经营成本，使正常农业生产难以为继。另一方面，一些地方政府主导的土地流转，把农业与农民割裂开来，制造失地农民的同时也制造了规模农业的风险，这是一种对农民、对农业投资者和国家的农业安全均弊大于利的选择。最近出现的规模化荒地、承包大户退地跑路等现象充分表明了误解土地流转的危害。

鉴于农业的公共产品性质，决定了种地主要是为社会做贡献，一个人如果愿意种地，而且能把地种好，愿意为国家农业做贡献，无论他已经从事了啥工作，都没有理由强迫他把土地流转出去。从管理的角度看，当一个农民离开土地，有了稳定的非农收入和纳入了城镇社会保障体系，同时又无力耕种土地，就应该无偿退出耕地。当农村建立起完善的社会保障体系后，进入老年的农民，或失去劳动能力的农民，如果没有家庭成员继续从事农业，也要退出土地。把土地交给继续种地的人，让他们种更多的地。这样可以让从事农业的人获得更稳定的耕地，减少地租负担，有助于引导适度规模经营的形成。公有制环境下再靠什么“财产权”，培育出一批吃地租的“食利”群体，是难以理解的。一方面通过地租收益实现承包权人利益，另一方面要通过补贴保护经营权人，徒增农业成本和矛盾。农民让渡或退出自己的承包地，应该获得一定补偿，但这不是地租，也不是财产收入，而应该是对农民保护耕地的补偿和奖励。如果一个农户在承包期内，通过施有机肥、合理种植等措施，提高了土壤肥力，应该获得耕地保护补偿费或奖励。但如果在承包期间，掠夺性使用耕地，导致土壤退化、板结、污染，则应该缴纳负补偿。因为我们缺少这样的制度，客观上往往鼓励掠夺性使用土地，成为土地退化的重要制度因素。

至于暂时离开乡村和土地的农民，他们还没有在城市立足，随时有失业的风险，保留承包地，委托给他信得过的人耕种，待返乡后接着当农民。这可能是“三权分置”制度最有价值的方面。

其三，集体的土地责任。集体作为农村土地的所有者，是我国土地制度的特点，也是中国特色土地管理制度的巨大优势。就耕地而言，探讨集体所有制的实现形式，不是要让集体重新收地租，而是要发挥集体对土地的管理职能。我们认为集体对其所有的耕地有以下三方面的权利和义务。

一是发包权。按法律规定把土地发包给村集体成员。当然，也包括组织村民之间通过互换、转让等形式的耕地调整。

二是监督权。《中华人民共和国农村土地承包法》第六十四条规定："土地经营权人擅自改变土地的农业用途、弃耕抛荒连续两年以上、给土地造成严重损害或者严重破坏土地生态环境，对土地和土地生态环境造成损害的，应该予以赔偿或解除承包合同。"只有村集体最清楚村民利用土地的实际情况，也最有资格负起监督责任。

三是组织和服务农户的权利与义务。双层经营体制长期没有发挥作用的主要原因，就在于集体没有找到服务农户的有效组织形式。而这个有效的途径正是以社区为单位的农民合作社，前面已经论述，这里不再赘述。集体收入应该在服务合作社成员过程中获得，如通过合作组织提取公益金和公积金，而不是要靠折腾农民的耕地或变相租地、卖地获得收入。

综上所述，关于农民与土地的关系，本章表达三个基本意思：第一，只要农民依赖耕地就业，就没有任何理由排斥农民的耕种权利，如果确需征用农民土地，需要以解决农民稳定就业和社会保障问题为前提。第二，当农民离开土地，有了稳定就业和社会保障，又无力耕种时，应该退出自己的承包地，给种地的人，以形成稳定的适度规模家庭农场。当然还有第三种情况，即农民暂时离开土地，外出打工、临时就业，就把土地托付给他人经营，给自己留一条退路。

日本的自然农法专家福冈正信，写过一本书《一根稻草的革命》，里面有这样的论述：人类是在用自己的智慧和行为做错事。做了错事后没有察觉，当错事的后果显现出来以后，就努力采用各种方法去修正、弥补，当有些办法有助于弥补错误结果时，就以为找到了解决问题的方法，就认为自己的事情是有价值的，结果在错误的路上越走越远。当以这样的思维方式，考察我们在农业上的很多做法，恐怕要回到原点，寻找初心。

第五章

农耕文化

谈农业不能不谈农业文化，漫长的农耕历史形成了丰富而灿烂的农耕文化，指导着千百年来的农业实践，其中蕴含的生态理念、地方知识，对现代农业依然具有十分重要的借鉴意义。同时，农业文化又有其特定的载体，保存在特定的农业组织形式、农业生产模式之中，如果传统农业文化载体被破坏，传统农业文化将不复存在。传统农业文化又是中华传统文化的重要组成

部分，是中华民族文化自信的重要基础。农业文化更为重要的价值在于其民族认同与凝聚力的作用，所以中央强调要深入挖掘农耕文化蕴含的优秀思想观念、人文精神、道德规范，不断赋予时代内涵、丰富表现形式，充分发挥其在凝聚人心、教化群众、淳化民风中的重要作用。

当然，我们在这里谈农业文化更直接的目的，首先在于为可持续农业发展服务，从传统农业文化中汲取智慧，发展健康农业；其次要为农民的增收服务，当农业与文化结合，或者说把农业文化价值挖掘并发挥出来的时候，为融合农业、品牌农业提供文化依据，有助于农民获得更综合的收益。未来的农业应该是有文化的农业。

第一节 传统耕作文化

广义的农业文化，是指由农民在长期农业生产中为适应生产、生活需要形成的国家制度、礼俗制度、教育教化等文化的集合。狭义的农业文化是与农业生产直接相关的知识、技术、理念与信念的综合，包括农学思想、栽培方式、耕作制度、农业技术文化、地方知识、农业信仰、农具文化、治水文化、物候与节气文化、农业生态文化、农产品加工储藏文化、茶文化、蚕桑文化、畜牧文化、草原文化等，农业文化还包括了农业哲学思想和农业美学文化。传统耕作文化属于狭义农业文化内容。

我国有丰富的农业文化遗产，列入世界重要文化遗产保护名录的就有15项，列入中国重要农业文化遗产的就更多，如河南灵宝川塬古枣林、浙江青田稻鱼共生系统、云南红河哈尼稻作梯田系统、内蒙古敖汉旱作农业系统、河北宣化传统葡萄园等。其实，没有被列入遗产名录的优秀农业文化也许更有普遍的应用价值，在指导农事活动和传承农耕精神方面发挥着重要作用。

我们可以从三个方面大致了解传统耕作文化。

1. 传统耕作制度

长期的农耕文明，在各地形成了各具特色的栽培方式和耕作制度，北方的旱作农业，是在无灌溉条件的半干旱地区，依靠天然降水从事农业生产的一种雨养农业。它包含诸如因地制宜、地尽其用、集雨技术、水土保持、调节播期、覆盖农作、旱地施肥、抗旱保墒等一系列技术措施。每一项技术都体现着劳动人民利用自然的智慧。在南方，有水田系统，大家熟知的浙江青田稻鱼共生系统，2005年6月被联合国粮农组织列为首批世界农业文化遗产。这是一种典型的生态农业生产方式。在这个系统中，水稻为鱼类提供庇荫和有机食物，鱼则发挥耕田除草、松土增肥、提供氧气、吞食害虫等功能，减少了系统对外部化学物质的依赖，增加了系统的生物多样性。

我国的传统农业在有限的耕地上养活了众多的人口，并创造了地力长久不衰的奇迹，其根源在于村落保存并延续了一套精耕细作的技术体系。人们创造了轮作、间作、套作、休耕、循环农业等一系列的耕作制度，形成了一系列农业生产的地方经验。

间作就是在一个生长季节内，在同一块田地上将两种或两种以上不同作物分行或分带间隔种植。间作的作物一般株型高度不一，可充分利用光能，保证良好的通风，以提高光合作用的速率。除此之外，间作还可以充分发挥边际效应，达到增产目的。有些作物间作，还可获得一些意想不到的好处，如玉米和大豆间作，它们的根系深浅分布不同，可充分利用不同地层的水和矿质元素。间作还是防止作物病害的重要方式。云南农业大学的朱有勇院士从事生物多样性控制病害的科学研究，发现水稻品种多样性可以控制稻瘟病的发生，其研究结果在国际权威学术刊物 Nature 上作为封面文章发表，引起了全世界的重视。他发明的一系列作物多样性时空优化技术被云南省政府作为保障粮食安全的重要措施在全省推广。

套种是我国农民的传统经验，是充分利用土地的一项增产措施。一般把几种作物同时期播种的叫间作，不同时期播种的叫套种。这是一种在前季作物生长后期，在其株行间播种或移栽后季作物的种植方式。对比单作不仅能阶段性地充分利用空间，更重要的是能延长后季作物对生长季节的利用，提高复种指数，是一种集约利用时间的种植方式。套种与间作最大的区别在于前者作物的共生期很短，后者共生期长。套种侧重在时间上集约利用光热水资源，间作侧重在空间上集约利用光热水资源。

轮作是一种合理利用土地的方式。在同一块地上有计划地按顺序轮种不同类型的作物。轮作可使病菌失去寄主或改变其生活环境，达到减轻或消灭病虫害的目的，如大蒜、葱后种植大白菜，可以减轻白菜软腐病危害。实行粮菜轮作，水旱轮作，对控制土壤传染性病害效果显著。根据植物吸收土壤养分的程度和根系深浅不同进行轮作，可充分利用土壤养分，如安排相对需磷较多的茄果类、需氮较多的叶菜类、需钾较多的根茎类蔬菜之间轮作；安排深根性的根菜类、茄果类、豆类、瓜类（除黄瓜外）与浅根性的叶菜类、葱蒜类进行轮作。

传统农业智慧还包括了精耕细作的耕作方式，耕地、耙地、轧地、底肥、追肥、插秧、灌溉、除草等一系列耕作环节无不包含着精耕细作的理念。生活在村落的农民，在长期的农业耕作实践中，通过不断观察、试验、采用，最终总结出适合当地的耕作方法，这些方法以地方知识的形式传播、使用、完善和丰富，并通过世世代代农民的耕作实践保存在村落中。

2. 传统农具

农耕实践中，最能体现劳动人民智慧的是农业工具的发明和使用。广义的农具既包括农业、林业生产中的整地、播种、中耕、收获、加工、灌溉、运输、修剪等生产工具，也包括副业生产中的养蚕、养蜂、捕鱼工具，畜牧生产工具以及农产品的储存、加工工具等。围绕农耕，人们发明并不断地改良农具，形成了由简单到复杂不断丰富发展且具有地方特色的农具体系。其中既有以曲辕犁、龙骨车、耙、耖、耘荡为代表的适合水田稻作的工具，也有耧车、麦钐、耙耱等适合旱地麦作的农业工具，有以稻床、连枷等为主的收获农具，以砻磨、碓为代表的加工农具，也有与滨海地域风力资源丰富等自然条件相适应的风车机械，与水网密集相适应的筒车灌溉工具，还有适合淡水养殖、捕捞、水上运输等农业生产活动相适应的渔船、渔网等渔业生

传统农具

产工具，适合陆地运输的担、筐、驮具、板车、手推车等[①]。

农业工具类文化既包含了物质层面的制作和使用，也包括精神层面的信仰与象征。

农具的制作文化，主要包括制作材料、制作工艺和农具形状，材料上就地取材，像锄头、铁锹的把柄，扁担这些简单工具是直接取材于自然。像背篓等器皿或运输工具也是以当地材料为

① 丁晓蕾，王思明、庄桂平，工具类农业文化遗产的价值及其保护利用研究，中国农业大学学报（社会科学版），2014年9期。

原料制作的，所以有竹编、柳编、荆条编等。

农具的使用同样包含了一系列的技艺，需要在长期实践才能掌握的耕田、耙地、插秧、施肥、采茶，都有诸多的技术环节，缺乏娴熟的操作技能就难以保证劳动质量。牛拉犁看似简单，却有一套在实践中积累的成熟技术，无论是驾驭耕牛，还是深浅宽窄的控制，没有丰富的经验是难以胜任的。牛拉犁耕地，人在后边一手扶着犁把，一手摇着鞭子赶牛，嘴里还要吆喝着。一趟趟、一圈圈，既不重复也不漏耕，人畜配合默契。

农具的形状也是很有讲究的，以至于艺术家们说它具有美学价值。传统农具的制作体现“以人为本”，大家熟知的“量体裁衣”故事讲的就是这个道理。农具是根据使用者的个人特点量身定做的。正像日本学者盐野米松在《留住手艺》一书中所描述的那样，“(我们)是边干农活边干铁匠，也就是说我们可以结合自己在使用上的体会，或多或少地调整和改造那些农具的角度、长度和重量。当然不仅限于锄头，多种各样的农具我们都做。同时，除了我们自己改造外，农家人在委托我们打农具的时候，也会提出各式各样的要求，他们会根据自己的身高、体重，提出把农具的角度或直一点，或弯一点的要求。其实过去，

耕地也是一个技术活儿

每一件农具都是这样合着自己的手和身体定做的”[①]。

对农具文化的整理和研究，其意义是多方面的。了解农具发展历史，可以理解人类告别原始采摘和渔猎生存方式向传统精耕细作农业转变过程中农具所发挥的作用，体验技术发明的力量以及体会历代劳动人民的勤劳、进取和创新的生存智慧。

现在很多传统农具进了博物馆，或被人收藏，甚至把农具做成模型开发成旅游纪念品，成为乡村旅游的吸引物。其实，很多传统农具还活态地存在于老百姓的生产生活中。在山东临

① 盐野米松(日),留住手艺,广西师范大学出版社,2012年9月,第87页。

沂的山区，石碾、石磨依然在使用，老百姓说，这样加工出来的面味道好。灌溉用的脚踏水车、手摇水车，耕地的曲辕犁，平整水田的耙耖，在很多地方还活态保存着。中国古代农具设计所蕴含着朴素的生态思想，如水磨、风车等，利用自然动力代替或减轻人的劳动强度的智慧；就地取材、仿生设计、融入自然等一系列“天人合一”的以及低碳环保理念，都可以成为培养青少年环保意识、低碳生活的活教材，为现代科学、环保、高效的农具创新带来启发。

3. 传统农耕信仰

中国先民的农耕信仰突出体现在“天人合一”理念，农民常常讲，种地要“不违农时”，还要“因地种植”，实质上都是农民对天、地、人关系的朴素认识和理解。“天”在农业生产中主要包括光照、热量、水分、大气等多种自然气候因素，它们随着季节的变化而呈现出不同的状态，其特征以“时”来喻示，这便构成了农业生产中重要的节气、农时等概念。“不违农时”正是强调农民的农业劳动，要与生物节律以及自然气候的变化相吻合。“地”则指的是地理位置、地形地貌、土壤特性等多个要素的综合，这些要素对农作物的生长至关重要。“因地种植”就是强调农民应当根据不同的地势地形和土壤条件合理安排农作物

传统方式在今日仍然实用

的种植。此外，农民还特别注意对土地肥力的保持，休耕、间种以及轮作等一系列乡土农业技术在村落的农业生产中被生动地实践和传承。“人”则以农业生产主体身份出现。农业生产过程，其实就是通过农民的劳动去协调自然环境和动植物关系的过程。农民在农业生产认识和利用天时、地利的同时，还特别强调“物性之宜”，即要求针对“物性”的特点来协调农作物与环境之间的关系。“物”在农业中具体指各种农业生物有机体，种植何种作物，养殖哪种动物，在什么时候种植什么样的作物，都要符合当地具体的气候条件和自然资源状况。这样一来，农民在劳动过程中把所持的“天人合一”理念通过对天、地、人、物的分别审视勾勒出了一个清晰的轮廓。“天人合一”的生态理念也成为传统农业几千年来长盛不衰的思想基础。

农业信仰常常通过祭拜神灵的形式来表现。民间有各种各样的神，树神、水神、山神、土地神、雷神、火神等，古人认为这些神主宰人间祸福，左右农业的丰歉。通过祭拜传达对神灵的尊敬或取悦神灵，以求保佑风调雨顺。“求雨”作为围绕着农业生产、祈禳丰收的巫术活动，是很多民族和地区共有的习俗和信仰。反映了人们在恶劣的自然生活环境中，渴望美好生活，创造美好生活的一种期盼行为，它是把“地上没有天上求”的思想变成一种现实行为。

农业信仰大都与时令和节日联系在一起，不仅有二十四节气，还有春节、元宵节、中秋节等，都是与生产相关的习俗和信仰。以二月初二龙头节为例，该节相传起于三皇之首的伏羲氏，他重农桑，务耕农，每年二月初二必“亲耕”。唐尧、虞舜、夏禹也袭而仿效，以后的历代王朝皇帝常常在二月二这一天“祈平”求丰收，或者象征性“亲耕”一番，由此便演变为“龙头节”。“龙抬头”意味着结束冬眠、万物生机盎然，昂首挺胸，扬眉吐气的意思。人们在龙抬头时节，会举行敬龙祈雨、放生，以求一年吉祥丰收，并将龙抬头时节作为一个纳祥转运的日子。北方的乡村，二月二有炒豆的习俗，一般是炒花生或黄豆，也有的做爆米花，说是“炒虫”。进入农历二月，天气渐暖，各种昆虫开始活动，通过燃烧熏炒，可以消灭害虫，保佑农业不受虫害威胁。

在中国岁时节庆的传说故事中，多以农事活动为题材，以“劝农”为主题，如立春节的“鞭打春牛”和张贴“春牛图”，七夕节的“赛巧会”等，实际上都是围绕男耕女织、风调雨顺和丰收等农事生产而展开的，反映了岁时节庆浓厚的重农心态。围绕着节日产生的相关民俗、谚语，包含的生活生产禁忌以及相关的地方知识，映射了劳动人民对于农业生产规律以及人与自然关系的认识，教化人们时刻敬畏自然，重视农事。

第二节 农业景观文化

农业景观是以农业活动为基础，以大地景观为背景，由聚落景观、田园景观、社会生活景观和自然环境景观等共同构成的，集中体现人与自然的和谐关系。广义的农业景观包括的内容十分丰富，传统民居、田园风光、山水林田、耕作传统和种植模式、农事作业活动、各种农产品的储存与加工方式、农业工具、农业机械、特色的农作物等，都是农业景观要素。近些年各地热衷于举办各类农业节日，有以花为主题的桃花节、梨花节、油菜花节、葵花节等，有以农产品为主题的苹果文化节、草莓文化节、南瓜文化节、葫芦文化节、稻米文化节、蔬菜博览会等。还有各类以农事活动为主题的采茶节、开耕节等。由于这些节日蕴含了农业文化内涵，成为观光旅游的新业态，越来越受到城乡居民的喜爱。

1. 梯田景观文化

梯田景观文化是最有代表性的农业景观。云南的哈尼梯田、贵州的加榜梯田，广西的龙脊梯田都成为人们青睐的游览对象。位于广西龙胜各族自治县东南部的龙脊梯田，其规模磅礴壮观，被认为是世界杰出的稻作文化景观，是一部空前绝后的立体田园诗。龙脊梯田的画面常常出现在电视、报刊和各种广告与宣传品上，成为中国的骄傲。有网友描述道，你无论是春天、夏天还是秋天、冬天，都可以看到鬼斧神工的造型，都有如诗如画的意境，其规模和气魄之大，立体感之强，线条和色彩之美，其中蕴含的民族智慧，为天下梯田所望尘莫及，堪称世界之最。

梯田景观需要农民的精心呵护才能保持

春天，水暖融融，青翠点染，波光粼粼；夏天，禾苗封行，黛绿浓抹，一层一层梯田似一圈一圈年轮，沿着山脊延伸到云端；秋天，像是金黄色构成琴弦，散发着稻米的芬芳；冬天，披着纷纷瑞雪的梯田变成一幅色彩分明的黑白版画。流光溢彩的龙脊梯田因天气阴晴变幻和云霞岚气的聚散，一日三时呈现出不同的神韵和情致。都说龙脊是旅游的天堂、摄影的圣地，一个美学意蕴永远摸不透的地方，一片千娇百媚永远拍不够的土地，但是你知道梯田生态系统怎么维护吗？

当地村民给我们介绍了梯田生态系统与维护常识。梯田保护最重要的是维护水系，山有多高，水就有多高，水来自哪里，来自山顶上森林的涵养。农民知道森林的重要意义，为了保持水源，他们爱惜植被，从不乱伐树木。水从山顶顺流而下，山上各处都有出水口，流下来的水通过梯田之间的沟渠，被引到一片片梯田，梯田灌满后水继续向下流到溪流中。稻田灌溉靠的是纵横交错的水网，任何一处坏掉，都要及时修好，否则会影响一大片梯田。护好田埂是很重要的，最担心的是梯田的干裂，如果有干裂，一遇到水就会渗透漏水，引起塌陷。一塌陷就是一大片。如此妩媚潇洒的曲线世界，如链似带的田垄从山脚盘绕到山顶，行云流水的线条，气势恢宏的规模，离不开农民的辛勤汗水和村落的滋养。

2. 农业劳作景观文化

春天的牛耕图，踏水车的妇女，水田插秧的人群，剥玉米的老奶奶，都是艺术家留给人们的美丽画卷和挥之不去的乡愁。今天，再现这样的生产场景，竟然可以成为乡村新的经济增长点。

在贵州黎平县有个“有牛哥”，他的真实名字叫杨正熙。2012 年杨正熙主动辞去乡党委书记的职务，作为农村科技特派员回老家乡村创业，成为洋洞村有牛农业专业合作社创始人。

如今，牛耕田也成为一种文化，吸引外来游客观看和体验

他回乡做了件很轰动的事，就是恢复“有牛种植”。牛耕文明在中国延续了几千年。虽然现在农业生产机械化水平越来越高，但一些地区因受地形地貌限制，仍保存有原生态的农耕方式。洋洞村就是典型。这个处在大山深处、植被繁茂、清溪环绕、民风淳朴的侗族村寨，虽历经岁月磨洗，但农耕文化保存依然完好，村寨里家家户户饲养耕牛，被誉为“最后的牛耕部落”。杨正熙认为老品种用传统方法耕作，更能体现产品文化特性。

于是他将选出来的老稻种交给有耕牛的老乡，用“牛草+牛粪+牛耕+放鱼+放鸭”传统方式种植水稻。有牛农业不仅保证了农产品的质量，实现了多种经营，也保持了独特的农业文化，给游客提供了一道亮丽的景观。每当插秧季节，随着侗族妇女在坡上放声歌唱，洋洞村1 008头黄牛在近千亩的稻田里同时耕作，“哞、哞”声响彻山野，吸引了海内外数百名游客和农业专家、学者围观。农业劳作景观与自然景观的最大不同在于人们可以参与其中，很多市民前来体验，打浆、插秧、田中抓鱼、收割等劳动过程，游客成为农业景观的一部分。这是农业景观文化富有吸引力的重要因素之一。

3. 赏花文化

中国的赏花文化由来已久，但把大规模的农业花海作为大众旅游项目，却是近些年的事情。目前的赏花节可谓是五花八门，百花齐放。桃花节、杏花节、梨花节、葵花节、油菜花节、牡丹花节，甚至苹果花、樱桃花、马铃薯花都可以成为赏花的内容。其中尤以桃花节为最盛，在全国各地均有举办，如四川成都、安徽黄山、安徽马鞍山、上海、山东肥城、孝感杨店等地。北京平谷是中国著名的大桃之乡，22万亩桃林堪称世界最大的桃园。北京平谷国际桃花节已经成功连续举办21届，成为京津地区著名的春季旅游活动。以花为媒，振兴新村，实现了经济效益和社会效益的双丰收。每年4月中旬,正是平谷桃花盛开之时，数万亩花的海洋，十分壮观。桃花有哪些寓意呢？[①]

首先，桃花寓意一年伊始。桃花是有温度的，它选择在阳春三月、春回大地的日子里盛开，传递温暖和希望，从第一朵桃花点亮娇蕊，就注定了满山遍野的燃烧、春光灿烂的盛世。因而，在大自然的众多花卉之中，桃花最能代表生命和活力，春寒料峭中含苞待放的美丽桃花，预示了冬去春来，让人赏心悦目、心旷神怡。古往今来,不少文人墨客以桃花描写春景之美，寓意着希望和兴盛，带给人们以无限美好的遐想。

其次，桃花用来比喻女性。在传统意象中，花卉自有一套语意系统，在常见的花卉意象中，如梅、兰、竹、菊被赋予的是文人风骨。而桃花与女性是连在一起的,《诗经》中就有精彩描述,形成广为人知的桃花即女性的隐喻。常有面若桃花的说法，大概是因为桃花的颜色与少女白里透红的肤色相耦合。就如春天河岸的袅袅柳丝会让人想起女子的婀娜身姿，因为柳之美主要体现为枝条的柔长；而桃花是春天的象征，桃花之美感主要体现为花色妍丽，姿容娇媚，这种自然特质与美感表现极容易

① 李珍珍，桃文化及其在观光园中的景观应用，硕士论文。

使人联想到青春曼妙的女子容颜[①]。于是，文人们以桃花来歌颂爱情。“桃花运”就是人们熟悉的爱情的代言词，象征着爱情顺风顺水、情场得意。而“落花有意，流水无情”“桃花流水窅然去”，常被用来暗喻感情的萌生或终结。

其三，桃源意境。在中国桃文化中，“桃源文化”在人们心中有着举足轻重的地位，陶渊明从渔人的视角描写了一个理想乐土、与世无争、恬淡宁静、生活安逸、和谐平静的桃花源空间，成了人们心目中的“乌托邦”，给人们带来对理想社会的无尽美好想象。如今成为各地纷纷争宠的对象。取材于陶渊明《桃花源记》的绘画作品也极为盛行。明代画家仇英的《桃源仙境图》描绘的是一个远离尘世的隐居环境。远处嶂峦起伏，白云缥缈，楼阁深藏其中，如仙若幻，有小桥流水、过桥童子、古松和桃花树，在绿色的映衬中，三位白衣高士临溪而坐，一人抚琴，一人低首聆听，一人挥舞着手臂，似被琴曲陶醉。画面逼真地传达出他们肆意不羁的个性。

其四，桃文化辟邪信仰。在中国神话中，是将桃木奉为神树仙木的。基于神话中桃木辟邪的传说，古人产生了用桃木辟邪、

① 渠红岩，论传统文化中桃花意象的隐喻意义，南京政治学院学报，2012 年第 1 期。

四川汉源的桃花节盛景

驱鬼的联想。宋代王安石的《元日》诗：“千门万户曈曈日，总把新桃换旧符。”早期的桃和符是分开的，桃即以桃木雕立于门前；符指在门上画上门神，后来桃符合二为一，逐渐演变成今天的大年初一贴对联、贴福字。人们相信在门旁放置或在家中悬挂桃木制品，有镇魅驱邪、安家保宅功效。很多乡村至今依然保留着这样的习俗。就连桃核雕刻成的工艺品，雕上飞禽走兽，做成桃核念珠、手镯、小篮等形状，挂在小孩身上，为孩子祈福，依然反映着“桃核辟邪”“桃筐栓孩”的信仰。

其五，果实文化。在漫长的农耕文明形成过程中，人们赋予了农产品果实诸多的寓意，寄托着对美好生活的期望。其中赋予桃子的寓意十分深刻。从最初发现桃子具有的止饥解渴功能，进而发展为“长生不死”的仙家食品。民间为老年人祝寿离不开桃子，称其为“仙桃”“寿桃”。在山东等地，至今还保留着用面制作“桃饽饽”的传统，就是把馒头做成桃子的形状，用来为老人祝寿或作为赠送亲友的礼品。就是西方文化的生日蛋糕，到了中国也“中西合璧”做成了寿桃的图案。此外，桃还具有多弟子的象征，人们用“桃李满天下”形容长者或老师所培养的众多精英后辈和学生，遍布天下各地。

除了桃文化，其他农产品也都同样赋予了丰富的文化内涵。今天特别强调品牌农业、融合农业，其中赋予农业和农产品文化内涵，是最有效的融合方式，也是提升农产品品牌价值的最佳途径。以“寻梦桃花源”为主题的桃花节，不仅赏花，也体验思考人与自然的关系，启示人们秉持科学的生活方式。以“桃花源里人家”为主题形象，多方位展现世外桃源、画里乡村的醉人风光和风土人情。如果再融入桃的深层次文化寓意，使之与人们的体验、修养、信仰、艺术创作与欣赏结合起来，则更会给人们创造心旷神怡的文化环境。

第三节 农产品文化

农产品文化是指凝聚在这些产品中的精神文化。农产品文化就像农产品一样种类繁多，从农作物的开花到结果，再到对农产品的加工，都被赋予了丰富的文化内涵，如赏花文化、果实文化、茶文化、酒文化、面食文化、手工艺文化等。

1. 果实文化

农产品的果实文化最为丰富，也最为神秘，体现在食用、观赏和寓意等三个方面：

首先，农产品具有食用价值。无论是蔬菜、水果，还是杂粮,都可以满足人们对营养和能量的需要,是农产品的第一功能。在中国饮食文化中，很讲究两个方面。

第一是药食合一。“神农尝百草”的故事可以用来解释药食同源的出现，人们在寻找食物过程中不仅发现了哪些可以作为食品食用，也发现了哪些可以作为药物治病。一些药品本身就是食物，如生姜、大枣、大蒜；而一些食物却具有某些治疗功能，鸭梨具有止咳功能，西瓜具有清暑除烦、解温利尿功效，绿豆具有消暑功效等。并由此衍生出来通过控制农产品的食用种类

创意的硕果熠熠生辉

和进食量，来促进人体机制的协调及食疗、养生保健和药膳文化。

第二是讲究杂食。人体必需的营养物质几十种，没有一种天然食物能满足人体所需的全部营养。因此，食物多样化，是平衡营养需求的最基本要求。在中国的农业文化里强调“五谷杂粮”，有其现代科学依据。

其次，农产品果实具有观赏价值。前面谈到赏花文化是农产品观赏价值的代表。此外，大多数农产品的果实都有观赏价值，一望无际的稻田，挂在树上或堆在院落里的金黄色的玉米，晒在箩筐里的大枣，挂在房檐下一串串红辣椒，都是摄影师们青睐的对象。农产品本身就是微型而奇特的景观，常常让人赞叹不已。菜地里姹紫嫣红的彩椒、番茄，葡萄架上晶莹剔透的像是绿宝石、红宝石的葡萄，竹架上垂下来千姿百态的葫芦，都很吸引人们的眼球。由于农产品果实极具观赏价值，人们开办了各种采摘节或农产品文化节，如樱桃采摘节、草莓采摘节、苹果采摘节，还有葫芦文化节、南瓜文化节等，都是源于农产品果实色彩效应的吸引力。

采摘是大部分人青睐的活动，每到苹果成熟季节，红彤彤的果实错落有致地在枝头排列，甚至人们确信，摘掉它们远远不如让它们继续长在树上更让人赏心悦目。冬天，果农会专门留下几个柿子，一直让它们挂到冬天。雪后，红彤彤的柿子上重叠上一层白雪，绝对是一道亮丽的风景线。这些年，人们还研制出了既可食用又可观赏的新品种，如不同的花色、不同的果实颜色的海棠，不但丰富了观赏内容，而且延长了观赏时间；人们专门培育出的“观赏南瓜”，果实小的只有纽扣大小，大的可重达几百斤。人们在果面刻印上“硕果累累”“五谷丰登”“成果辉煌”“吉祥如意”“福禄寿禧”等吉祥语，作为艺术品陈列于居室、客厅、橱窗中。还可以作为礼品赠送亲友，增加喜庆氛围。

最后，农产品果实包含寓意文化。通过寓意形式把渺茫、神秘、朦胧、虚幻的观念赋诸形象，是中国传统文化中的突出内容，于是就有了恭喜发财、年年有余、五谷丰登、鱼跃龙门、福禄寿星、花好月圆、多子多福等美好寓意的作品。用轻松活泼的形式传播传统文化，寓教于乐，通俗易懂。我们几乎赋予了所有果实特定的寓意，如“平平（苹果）安安”“万事（柿）如意”“早（枣）生贵子”“多子（石榴）多福（佛手）”“健康长寿（桃）”等，有的把面食也做成苹果、柿子、寿桃、石榴等形状，用来类比特定事物或表达特定愿望和感情。有人研究中国古代

育种家们培育出的观赏性植物

的祝寿图[①]，发现画家常常用农产品形象来表达美好寓意。画桃以祝寿诞，普遍作为长寿之象征。佛手作为“佛”的象征，又因“佛”与“福”谐音，常与桃子、石榴画在一起，喻为“福寿三多”（多福、多寿、多子）。其中桃为祝寿，佛手为祝福，石榴为多子。水仙喜水而不粘泥，高雅优美，馨香清绝，又因“仙”字甚为吉祥，与寿石画在一起，称为“群仙祝寿”；与牡丹画在一起，称为“神仙富贵”。梅、兰、竹、菊品格高雅，内含幽香，寄寓了中国文人的高尚德操，也是理想人格的象征，常寓有德行的寿者。历代文人画家围绕着这些约定俗成的农产品的寓意文化，不断地重复着具有象征意义的图画程式，代代相传，潜移默化地发挥着文化的教化功能。

2. 农产品加工文化

这里的农产品加工不是指现代化加工企业对农产品加工，而是指民间的加工行为。加工有粗有细、深浅程度不同，把萝卜晒成萝卜干，葫芦做成葫芦条，属于简单的加工。也有复杂一些的，如积酸菜、做腊肉，就有了一定技术含量。把黄豆做成豆腐或豆皮，把葡萄酿成葡萄酒，就有了化学变化，需要较复杂工艺。不论哪一种加工制作，都体现着人们充分利用当地

① 吴来龙，浅析中国传统祝寿图的文化意蕴美术大观，2015 年第 3 期。

原料，满足多种生活需要的理念和态度。我们选择以下三类做些介绍。

其一，面食文化。中国面食文化种类繁多，博大精深，尤以山西面食文化最具代表性。所使用原料有小麦粉、高粱面、豆面、荞面、莜面等，一般家庭主妇能做出如刀削面、拉面、疙瘩面、推窝窝、灌肠等几十种面食，到了厨师手里，花样多得目不暇接，可谓是达到一面百样。面食在山西按照制作工艺来讲，可分为蒸制面食、煮制面食、烹制面食三大类，有据可查的面食在山西就有280种之多，其中尤以刀削面名扬海内外。面食在人们日常生活、人生礼仪、节日时令中，都扮演重要角色。过生日要吃长寿面、春节要吃饺子、中秋节吃月饼，立春这一天，很多地方还有吃春饼、春卷的习俗。水稻产区的米食文化也同样精彩。

研究面食文化（包括所有农产品的加工与储存技术），其意义在于探讨一方水土养一方人的道理，思考农产品生长的地理环境与当地饮食习惯的关系，食品与习俗的关系。总结农产品加工的传统技艺，美食制作的方式方法，为丰富人们的生活提供依据。一些美食需要在特定环境下才能生产出来，现在环境变了，地方特色美食面临失传危险，如何抢救，需要现代技术创新，也需要到传统文化中寻找智慧。

其二，茶文化。中国是茶的故乡，把一个农产品做成有世界影响的文化，大概只有茶。有考证认为饮茶习惯开始于汉，盛行于唐。如今，茶文化融入寻常百姓家，来客人一定要泡茶相待，通过讲茶、沏茶、赏茶、闻茶、饮茶、品茶等环节，与一套民俗礼仪相结合，对传承传统文化和提高礼仪修养起着重要作用。茶不仅可以作为馈赠亲友的礼品，还与婚俗挂钩。旧时，男子托媒人向女方家送聘礼，必须要有茶叶，所以，传统民俗中把女子受聘叫“受茶”，聘礼也称之为“茶礼”。我们今天说的茶文化，包括茶种植与栽培技术、茶叶加工工艺、包装与销售文化、茶馆文化、茶具文化、茶道文化、茶精神、茶礼仪、茶联、茶书、茶画、茶故事、茶艺、茶人与爱茶人等，还包括茶道与养生在内的各类茶文化培训与教育活动，俨然已形成巨大的产业链。

近些年来，茶文化旅游价值受到重视，但大都形式单一，文化内涵普遍欠缺。茶文化旅游应尽快跳出茶道表演加卖茶的单一模式，重视茶园生态文化的挖掘，采茶和传统茶叶加工文化的保存，围绕寻源求知、文化体验、庄园度假和生态观光开发茶文化资源。依托生态茶园打造茶庄经济是个好思路，云南

贵州湄潭的茶园

就有一个这样的茶园，借鉴法国波尔多地区红葡萄酒庄园理念模式，建成普洱主题茶庄，集茶叶种植、生产、营销、文化、旅游、窖藏、科研为一体，借助得天独厚的茶乡风貌和文化资源优势，形成了特色融合产业的新业态。

其三，酒文化。中国制酒历史源远流长，据说是古人存放采集的野果自然发霉发酵后，形成酒的气味，才发现了酒。后来随着酿酒技术的发展，形成酒文化。广义的酒文化指的是与酒的制作过程、制作工艺、宣传营销等过程中有关的文化部分，也包括诸如酒原料生产地、酿造遗址、酿酒工艺、酒器酒具，以及与之相关的酒俗、礼仪和关于酒的文学、艺术作品等。有学者从酒对人们生活的具体效用提炼出酒文化的五大功能，即健身、喜庆、娱乐、激励和寄情。

在几千年的文明史中，酒几乎渗透到社会生活中的各个领域。酒紧紧依附于农业，是种植业的延伸，粮食的丰歉是酒业兴衰的晴雨表，各朝代统治者根据粮食的收成情况，通过发布酒禁或开禁，来调节酒的生产，从而确保民生。酒是一种特殊的饮品，融于人们的精神生活之中，特别是经过文人的发挥和渲染，饮酒饮出了境界，饮出了无限风光。酒后吟诗作对，每有佳句华章。“李白斗酒诗百篇，长安市上酒家眠。天子呼来不上船，自称臣是酒中仙。”李白和杜甫，都终生嗜酒，历史上很多文人墨客都有酒后出佳句的故事。酒文化中的精彩部分，确实是文人们赋予的。

如今酒的类型已经让人目不暇接，不仅有白酒、黄酒、葡萄酒、啤酒，还有各种果酒，如蓝莓酒、草莓酒、桑葚酒等。要形成文化品牌并为特定人群接受，确实需要做很多研究。要进一步挖掘酒文化资源，既要深入考察自然资源，也要系统整理人文资源[①]。

酒文化自然资源，如酿酒原料种植园，多数酸性的水果都

---

① 李林、洪雅文、罗仕伟，酒文化旅游资源的分类研究，酿酒科技，2015 年第 5 期。

可以成为酿酒的原料，如葡萄、山楂、青梅、杨梅、李子、苹果、菠萝等；含淀粉物质的农作物资源都可以作为酿造白酒的原料，包括高粱、玉米、大麦、小麦、豌豆等。高品质的原料才能酿出高质量的酒，无论是酿葡萄酒的葡萄园，是还酿白酒的高粱种植园，因受气候、土壤、水质、地方习俗等影响，会形成特定的文化传统和氛围，这些原料基地同时兼具观光、游憩价值。酿泉，即用来酿酒的水，也往往因产名酒而出名，加之文人骚客赋予其人文内涵，使其酿酒水闻名遐迩。酿酒历史悠久的赤水河经过文化修饰，已成为远近驰名的景区。

酒文化人文资源，首先包括古人留下来的遗迹、遗物和遗址。这些不同时代的历史事件见证，是前人留给后代的珍贵遗产，属于不可再生的稀有资源。其次包括特色建筑，如我国各地的特色酒吧、酒楼、酒博物馆、酿酒工厂、酒窖等酒类酿造建筑设备单体或集群。其三是酒器具，古代装酒用的酒缸、酒坛，舀酒用的器具酒勺、酒提、酒舀，饮酒用的爵、觚、樽等以及现代酒具。其四是与酒相关的名人。如从事酿酒的人（文化遗产传承人），从事酿酒原料（如葡萄）种植高手，推动产业发展的名人，酒器具艺术创作人，饮酒名人和酒收藏家等。其五是社会风情。包含酒俗风情、酒文化节庆、酒类商品和礼品、

酿酒传承人

以酒和酒事活动为题材的艺术作品，如诗词、歌赋、楹联、题刻、历史典故、神话传说、影视、戏曲音乐、书法绘画等，形式多样，数量众多。

只有知道了酒文化有哪些资源，又理解了这些资源的文化价值与意义，才能很好地保存、发展和恰当地利用这些资源。

3. 手艺文化

前面谈到的面食文化、茶文化、酒文化等，在民间均可划入手艺文化范畴，乡村手艺大都与农业有关，或是为农业服务的，或是以农业收获物为原料进行加工制作。手艺是乡土文化的宝贵遗产，在乡村，手工技艺不仅是很多农民谋生的重要手段，是中华文脉传承的有效载体和保留乡愁的独特资源，也是维系乡村生活的文化力量。我们从以下两类乡村手艺可见一斑。

第一，生产类乡村手艺。乡村生产类手艺是在传统农耕生产活动中产生的，并为农耕生产提供生产工具或者生产服务用品的乡村手工和技艺。例如制作用于翻土的耒耜和犁具、用于播种的耧犁、用于盛装农作物的木器和篾器等，生产性农具制作包括很多“工种”，如木匠、铁匠、石匠、篾匠等。

生产类手工艺不仅包括生产工具的制造工艺和蕴含的理念，也包括工具使用和农作物种植、加工的技艺等。耕田、播种、采摘、修剪都包含丰富的知识与技能，蕴含着特定理念和对自然、社会的责任，如茶的栽培、采摘、炒制就包含着太多的技艺，是“茶文化”的重要内容。

好茶贵在及时采，采早了香气不足，采迟了香气亦差，采茶或许算不得什么精深手艺，但和剪刀剪茶、机械采茶相比，高级茶还得依赖手工摘制。清明前的茶青，一叶捧一芽便可采摘，芽形似麻雀儿的嘴微微张开。而待到谷雨时分，则以两叶捧一芽为最佳。采茶时，一手拉住茶树的枝丫，另一手飞快地摘下树上新发的嫩芽和细叶，摘下后迅速地放入挂在腰间的布袋中，装满了布袋后再倒入一旁阴凉处的茶篓。整个过程看似简单，却关系着成品茶的品质和茶树的生长。摘茶时需小心，不能伤了芽叶，同时也不能久握手中或堆置在布袋、茶篮中太久、太厚。茶青一入篓，就得避免与日光接触。新采的好茶不等人，想保持好的色香味，制茶师傅就要加班加点赶着炒茶。现如今制茶工坊大多使用机器炒茶，只有极少数高端茶叶才使用人工炒制。与机炒相比，纯手工炒出的茶叶闻起来更香，外形更完整鲜亮，泡出来的茶口感也更清纯，自然有其背后的道理。[①]

第二，生活类乡村手艺。这是以满足村民的衣食住行等日常生活需求为基础，为丰富村民生活内容、增加生活情趣以及改善村民生活质量而形成的一系列手工技艺。进一步可分为实用类，是满足日常生活需要的一些手艺，如地方特色食品制作、服饰、印染、刺绣、陶器、编织、建筑装饰；节日喜庆类，是为节日增加喜庆祥和的氛围而生产的技艺类型，多与民间艺术相融合，如木版年画、首饰、剪纸、民间玩具、彩塑、面塑、木雕、糕点模子、风筝、灯彩、皮影、木偶头雕刻、面具等；叙事和抒情类，是以表达感情需要为特征的手工技艺，如绣花球、刺绣香荷包、刺绣服装和鞋帽等，作为定情信物或结婚纪念物。

生活类乡村手艺与村民们的日常生活息息相关，人们的生活之所以丰富多彩，很大程度上得益于数也数不清的乡村手工艺。大家都吃过兰州牛肉拉面，也一定看过拉面师傅的精彩表演。拉面是一个技术性很强的工作，将溜好的面条放在案板上，洒上清油，手握两端，两臂均匀用力加速向外抻拉，然后两头对折，使面条形成绞索状，同时两手往两边抻拉，如此反复，每次对

① 左靖，黟县百工，金城出版社，2014年版，第247页。

折称为一扣。扣数不同，面的粗细不同，毛细面可达 11 扣，条细如丝，且不断裂，可谓中国烹饪之精华。

手织布织造工艺之复杂,产品之精美,能流传至今堪称奇迹。其织造工艺极为烦琐，据说，从采棉纺线到上机织布要经过大小有 70 多道工序，每道工序均手工完成。手织布的图案可以由 22 种色线变幻出 1 990 多种绚丽多彩的图案。整个过程形成特有的节奏和韵律，富有艺术魅力，堪称奇迹。

篾匠，被认为是“最了解竹子的人”，他们都有削竹为丝的本事。要做出高效高质量的竹编，需要有艺术的想象，富有创意的造型是在动手前就存在匠人头脑中的，更需要两只手的灵巧劳作。

乡村手艺是基于村民的生产生活需要而产生的，具有浓郁的乡土特色，它不仅与村民日常生活息息相关，也是村民创造物质财富的重要途径。柳编、竹编、年画、风筝、剪纸、土法制糖等古老手艺，均可在新的环境下获得新的发展，从民间的手艺变成“产业”。同时，乡村手工艺像“以文载道”一样，所包含的思想、道德、信仰、愿望等内涵以及所体现的精益求精、百折不挠的工匠精神，使手工艺的价值超出其使用价值而成为教化的载体。

篾匠被誉为“最了解竹子的人”

阜南县柳编

第四节 农耕文化的价值

上面我们分别介绍了农业的耕作文化、景观文化和产品文化，在实践中这些文化很难截然分开，往往是融合在一起呈现出一个不可分割的整体。以河南灵宝川塬古枣林为例，这个具有五千年栽培历史的古枣树群落，不仅保存了著名的地方特色种质资源——“灵宝大枣”，也形成了独特的枣林景观；在 2000

多年前已形成的疏花、株行距等技术，为世界园艺技术做出了贡献；地方品种特有的根蘖苗、防风固沙、保持水土、抗旱耐涝等特征，是生态保护技术的重要依据。同时，古枣林已成为当地的支柱产业，特别是与农业旅游相结合，成为农民增收的有效渠道。除了生态、科技、生计意义，从社会学的角度看，我们至少可以从以下三个方面理解农业文化的现实价值。

1. 协调人与自然的关系

农业文化渗透着“天人合一”理念，许多农业信仰维系了人与自然的和谐共生，是保护环境和生态建设的重要精神财富。如“天人合一”理念、循环农业理念，成为现代可持续农业的模板，也是影响和规范人们养成珍惜资源、合理使用资源习惯的文化基础。有人把农耕文化内涵概括为“应时、取宜、守则、和谐”[①]，突出地表现在“顺天应时因地依人”的系统自然观，即把握“天、地、人”的和谐关系。“顺天”即顺应天意，不违背天道，也就是要尊重自然、顺应自然、按自然规律办事；“应时”即不违农时，春种秋收，按农作物生产规律安排农事活动，才能丰衣足食；“因地”即根据农业的地域性特点，依据地理环境、

① 赵建军、赵若玺，农耕文化的伦理价值与绿色发展，自然辩证法研究，2019 年第 1 期。

土地和气候条件，因地制宜地安排产业类型；“依人”既包含生产要满足人们的需要，也包含了艰苦奋斗、自强不息的奋斗精神。农耕文明所蕴含的生态理念，以及丰富的农业生物多样性、完善的传统知识与技术体系和可持续的发展实践，为现代农业的发展提供了生态智慧。

2. 塑造劳动者的良好品格

农业文化附着在农事活动和农民的生活方式之中，其教育与熏陶作用越来越受到人们的重视，从事农事活动本身就是实施教化的重要途径。农耕文化充分体现以民为本的价值取向。民以食为天，农耕文化不仅满足了人类赖以生存的最基本需要，也培育了劳动者诚实、勤劳、朴实、憨厚、厚德载物、百折不挠的精神，形成了尊老爱幼、勤劳勇敢、吃苦耐劳、艰苦奋斗、勤俭节约、邻里互助等社会风尚和核心价值理念，造就了中华民族爱国、和谐、仁爱、友善的民族精神。农耕以土地为根本，自然对养育人们的土地怀有深切的感情。进一步发展为热爱国土、保护家园的强烈意识，形成心怀天下、心系故土的家国情怀。在长期的农业生产中，农民懂得对自然无节制的过度利用必将招致自然界报复的因果关系，在农耕实践中逐渐养成了勤俭节约、循环利用的品质，成为当今可持续发展的文化源泉。

姑娘们踏水车竟成为一景

3. 促进农民增收

农耕文化的经济价值，首先，表现在农产品品牌建设。农产品品牌的创建不仅需要过硬的品质和包装宣传，更重要的是要有丰富的文化内涵。地理标志产品就是特定产品与特定地域文化的结合。像河北宣化传统葡萄园独特的漏斗架型，凝聚该地特有的地理环境因素、气候资源因素、生态环境因素，渗透着当地老百姓的生产理念、生活态度和生活方式，传达着生产者世代探索、改良而传承至今的种植方式和人文历史等信息。其次，开拓乡村产业空间。随着社会发展的转型，近些年乡村手艺文化在恢复乡村手工业经济和促进乡村旅游发展方面起着越来越突出的作用，乡村编织文化、美食文化、旅游文化兴起，成为乡村产业兴旺的重要力量。

浙江义乌市有个何斯路村，历史上有种糯稻、手工酿米酒的传统，村里有米酒酿造的非遗传承人。但由于年轻人外出，老年人力不从心，稻田荒芜，酿酒器具闲置，酿酒手艺失落了。2008年，村干部认识到家酿黄酒传统工艺的经济意义和文化价值，把恢复糯稻种植，重振乡村酿酒手工艺作为促进乡村产业发展的重要途径。村民们采用山泉水和自产糯米做材料，纯手工酿造，酿制的黄酒酒味甘醇、色如琥珀，村里创办了“何氏家酿黄酒节”，邀请专业人士对村民自酿黄酒进行评比并给予相应奖励，由黄酒节引爆乡村旅游。每年黄酒节，村里200多户村民踊跃参加，游客络绎不绝，对村民自酿黄酒赞不绝口，黄酒供不应求。如今何斯路的黄酒节和黄酒俨然成为村里的一张名片，仅米酒每年为村民增加300多万元收入。更重要的是古老的黄酒酿造工艺得到活态保存与传承。由此带来乡村休闲、度假、旅游发展，该村由一个低收入村变成了远近闻名的富裕村。

今天，人们反思工业化农业导致的环境污染、土壤退化、生物多样性丧失等问题时，不由自主会想到从传统农业文化中寻找现代农业发展的理念。《四千年农夫》的作者富兰克林认为中国、朝鲜和日本可持续农业经验对全人类都是有帮助的，应该成为西方向东方学习保护自然资源的第一课。面对工业化农业耕作方式存在的弊端，“回归自然”重新成为受人关注的理念。应该看到，中国传统博大精深的农业文化是个远没有揭示出来的话题，有些重要农业文化或许只有在丧失之后人们才能认识到其存在的价值，而有些东西一旦失去几乎不可能再恢复。

人们可以从多个角度研究农耕文化，我们从农业发展角度关注农耕文化，主要目的是要思考很多与农业相关的问题。

第一，农业产业链延伸，往哪里延伸？如何才能获得农业产业链的生命力？

第二，农产品文化，无论是茶文化、酒文化，还是面食文化或者其他农产品文化，它们是怎样被创造出来的？未来如何推动农产品文化的发展？

第三，农业产业是满足需求还是创造需求？

第四，什么样的农业是有文化的农业？哪些农业类型是缺乏文化，而仅仅是生产粮食的工具？

这些问题，是发展农业、富裕农民必须思考的，因为关系到我们应该发展什么样的农业和如何发展农业的问题。

第六章

农业与乡村

农业与乡村的关系十分重要，但又极易被忽视。我们一方面要建设现代农业，另一方面又在削弱或消灭乡村。这就反映了对乡村与农业关系认识的模糊和欠缺。从理论上讲，乡村是因农业生产而产生的，也是在不断适应农业生产需要过程中而成长的。农业生产不仅是乡村存在的基础，也规定着乡村的特点和发展方向。而乡村，反过来影响和制约着农业的发展。没有了乡村，可持续农业就失去了赖以生存的载体，自然会被削弱。从这个意义上说，建设好乡村，也是为国家农业安全提供保障的重要方面，而破坏了乡村，想当然地制造一个不伦不类的乡村，就会威胁国家的农业安全，伤害老百姓的根本利益。

第一节 因农业生产而有乡村

原始人群靠采集、狩猎为生，迁徙不定，一个地方的食物采完了，或无猎可狩，他们就会换一个获得食物更方便的地方。原始人群这种不断迁徙的生活，自然不需要村落。靠放牧为生活的游牧民族，“逐水草而居”，也难以形成村落。原始人在长期的采集过程中掌握了一些动植物生长的规律，将其驯化，进而从事相对稳定的种植与饲养活动，于是就定居下来，逐渐演变成村落。人们居住环境的稳定以及生产力的发展又促进了村落发展。为防备住所被野兽、强盗侵袭，人们互相结合成较大的群团，有的村落还筑起了墙垣。

关于对村落起源的认识，有学者认为村落的形成有三种途径：第一种是自然起源而成，一个农业家庭因人口增加自然演化扩展为一个单姓的大家庭村落；第二种是社会组合而成，若干农业家庭因迁徙等原因汇集于一个特定地域，一起从事生产和生活，并相互交往形成村落；第三种是因乡村建设，有意识有组织地把人口汇集于一个空旷地域，用人为的力量建设起一个新的村落[①]。

费孝通先生把中国的农村聚村而居的原因概括为四点：其一是每家所耕的面积小，所谓小农经营，所以聚在一起居住，住宅和农场不会距离得过分远。其二是对水利的利用，需要人们共同维修水利设施，在一起住，合作起来比较方便。其三是为了安全，人多了，聚在一起，容易保卫村落安全。其四是在土地平等继承的原则下，兄弟分别继承祖上的遗业，使人口在一地方一代一代聚集起来，成为人均土地规模很小、人口规模却较大的村落。费孝通进而论述了乡土社会是一个生活安定的

① 谷中原，农村社会学新论，武汉大学出版社，2009 年版，第 113 页。

村落是围绕农业生产而成长的，失去村落农业生产就会被削弱

社会。历代不移的结果，人不但在熟人群体中长大，而且还在熟悉的地方上长大。熟悉的地方可以包括极长时间的人和土的混合。祖先在这地方混熟了，他们的经验也必然就是子孙们所会得到的经验。时间的悠久是从谱系上说的，从每个人可能得到的经验说，却是同一方式的反复重演。[①]

在地理学上，人们把我国村落的形态分为集村和散村两大类，其中，集村分为团状、带状、环状等类型。团状村落多位于平原或盆地，有的呈多边形，有的呈长方形或块形，是村民们为了安全需要，满足产品交易需要或文化活动与人际交流需

① 费孝通，乡土中国 生育制度，北京大学出版社，1998 年版，第 9、第 21 页。

要，从节省基础设施建设成本或减少耕地的占用等方面考虑，聚在一起而形成的较大规模的村落。带状村一般会沿河流、湖泊、公路或山谷等特殊地形而形成。环形村落大都是因地理位置或满足安全需要而建造的。按照地理形态划分，村落还可以分为：山村、渔村与平原村。按照经济活动村落可以分为：以种植农作物为主的农村、以经营蚕桑为主的农村、以畜牧为主的农村、以林业为主的农村、以蔬菜或果树为主的农村等。按人口分布情况可以分为：疏居制的农村、密居制的农村、单姓农村、复姓农村。按照农村历史的长短可以划分为旧村（历史比较悠久）与新村等[①]。

当人的生产、生活方式和需求发生变化时，村落的形态也会随之发生改变。传统的沿河居住形成了“沿河村”，是村民为了用水便利以及方便水路交通需求而形成的；如今大量空壳村的出现以及沿路村的涌现，一个重要原因就是人们对现代交通需要的迫切所致。在村落的内部由于街道狭窄，机动车难以入内，随着家庭汽车的普及，村落、院落能否进机动车就成为衡量村落生活便利程度的重要标志。因此，村落的形态是人们生产生活需要的反映。不同的自然条件与社会环境决定了不同的村落

① 刘豪兴，农村社会学，中国人民大学出版社，2004 年版，第 47–49 页。

形态；而不同的村落形态塑造着居民不同的生活方式。村落形态的产生与发展是历史发展与社会演化的结果，反映了人们的生存需要。

无论哪一类的乡村，在其成长过程中，都首先要遵守方便生产的原则。

有什么样的生产就会有什么样的与之相适应的村落，比如“近地原则”就是农业生产对村落与农田距离的基本要求，也就是农民的住宅要尽可能离自己的耕地最近。在东北有句谚语：“丑妻、近地家中宝”。为什么“近地”是家中宝？因为“近地”给生产带来方便，人们去地里劳作可以节省时间成本，往地里运送粪肥，往家里收获农产品，由于地离家近，会节约运输成本。农作物需要精心照料，农民一天能走的路程是有限的，因此，村落周边能提供多少日间步行可达的耕地，是限制村落规模的因素。“近地”不仅节省种地的成本，还在于保障作物的安全。除此之外，“近地”原则还为农民生活提供了方便。自给自足的农户，种地是为了满足生活需要，“桌上无食地里取”，因为农民的食材不依靠市场购买，而是靠自给自足，有时该做饭了，才考虑到地里采些什么来吃。

农业生产是古代人们选择居住地的首要因素，生活的方便是第二位的，当然选择既方便生产，又方便生活的地方居住最为理想。但是,由于耕地的有限性,这种理想选择往往受到限制，当二者只能择其一时，人们为了生存就把方便生产放在第一位。这就是为什么在一些交通闭塞，甚至缺少水源的地方依然有人居住，因为那里有可供他们生存的耕地。由于耕地具有不可移动性，固定下来的人们聚在一起，于是有了稳定的村落和相对固定的邻里。由于耕地面积是有限的，每一户的耕作能力也是有限的，于是就有了乡村社区的边界。人们祖祖辈辈生活在同一个村落里，就形成了费孝通先生描述的熟人社区，因此就有了乡土社会和乡土文化。

村落的成长除了遵守适应农业生产的原则，还要遵守方便的原则。既方便生产，也方便生活。传统农民的生产与生活没有明显界限，往往是不可分割的。比如农民老奶奶在家里养几只老母鸡，是生产行为，因为要靠老母鸡下蛋获得经济收入；但同时也是生活内容，因为在这个过程中获得乐趣和情感体验，相当于城里人的“养宠物”。常常有专家认为农民家庭养殖属于非理性行为，不考虑投入产出，不懂追求利润等，其实是忽视了农民的生产与生活关系。同样，丰富的乡村手工艺的存在，既是农户经济来源的补充，也是丰富农民生活的重要内容。乡村住宅要有个院子，因为要有个地方饲养家禽家畜，鸡鸣狗跳、肥猪满圈、骡马成群等都是一个农户产业兴旺的标志。过去生产靠畜力，因此农民的院落里有牛棚马圈；种地需要犁、耙、锄、锹等各种农具，农家院落的厢房大都设有存放农具的空间；生产了粮食需要晾晒，院子里就有专门辟出的晾晒场地。我们调查的许多北方农村尖顶民居改成了平顶民房，就是包产到户后，由于宅基地过于狭小，为了晾晒粮食而改建的。到了农家，可以看到屋檐上挂满了一串串的红辣椒，有的把大蒜编成辫子挂在墙上。在太行山区每到夏秋季节，都可以到处看到农家屋顶上晒满了杏干、柿饼，农户院落旁边的玉米垛也很引人注目。农民要烧火做饭，于是有了火灶，在江南乡村的火灶常常是多个火眼和多口锅砌在一个台子上，锅的大小不同，用途不同，具有“抱团取暖”节约燃料的效果。北方为了冬天取暖，灶台往往与火炕连在一起，做饭取暖一举两得。草木灰以及烟熏过的炕坯，可撒到田地里作为有机肥。乡村就是这样一个既可以实现种植业养殖业循环，又可以实现农民生产与生活之间有机循环的节点。

农业科学家告诉人们，由于耕地总是处在一定的气候条件和自然环境影响下，气候条件和自然环境的差异会导致不同区域耕地的土壤特性不同，继而耕地具有质量上的差异和类型上的区别。由于村落的存在，农民很清楚不同地块的类型和差别，进而决定在不同的地块上种植不同的农作物。即便是同一块耕地，农民也会常常根据作物对土壤条件的不同需求，在一块田地中种植多种作物。这种经验的获得和传承只有在村落的环境下才能实现。生产需要在客观上还要求农民最大限度地利用耕地，在乡村可以随处看到农民见缝插针的种植现象，不仅追求提高耕地的单产，还要追求提高耕地利用的可重复性，绞尽脑汁地培育耕地肥力。所以中国传统农民一直对土地具有特殊的感情，珍惜和不浪费土地是中国农民的优秀品质。农民对土地的珍惜感情也是耕地保护最重要的一道防线，其一旦弱化或者是丧失，必将会给中国的耕地保护工作以及农业可持续发展带来威胁。

如果违背了以上原则会是什么样的情景呢？一些地区崇尚城镇的集中居住模式，搞合村并镇运动，把几个村甚至十几个村迁并到一起形成中心村，或把农民直接整体迁入小城镇，美其名曰一步到位实现城镇化，实际上为社会留下诸多隐患。很难想象，村落里的人可以长途跋涉去较远的地方耕种另外一块地，直接后果就是因耕地远离住宅，耕种极其不便，耕地被迫

农民建设自己的住宅首先考虑的是方便耕种

抛荒。有些地方趁机把农民不方便耕作的土地流转给工商资本或者大户，认为这就是实现了规模化和现代化的契机。其结果，由于排斥了农民从事农业的主体地位，农业生产不可持续，制造出大量规模化荒地，反过来又责怪农民不愿意种地了。实际上，不是农民不愿意种地，是错误的乡村建设思路致使农民无法继续耕种，只能任其荒芜。有些农民因不习惯居住这些所谓现代化的楼房，或者没有给每个人提供城镇就业的机会，难以生存就偷偷跑回老家，搭起窝棚重新种地。类似这样劳民伤财的做法，值得农业和乡村建设者深思。

第二节 院落的重要性

农家院落是构成乡村肌理或乡村形态的基本空间单位。中国乡村的院落，在中国政治、经济、社会、文化等诸多方面具有十分特殊的地位，简单地说，乡村院落奠定了中国社会的基本结构，即家庭与家族；乡村院落形成了特殊的经济类型；我们说中华文明五千多年源远流长不曾中断，院落的存在是其重要原因。这里，我们从以下三个方面考察院落与农业生产的关系。

1. 农家院落是重要的生产空间

乡村是由一个个院落构成的，院落是农民的生活空间，也是生产空间。小孩子都知道“房前屋后，种瓜种豆”的歌谣，农民在农家院里可做的事情很多，不仅种植瓜果蔬菜，饲养家禽家畜，同时还是家庭手工制作的场所，如织席、编筐、酿造、制作食品等。由于耕地资源的短缺，充分利用院落成为农村居民生产经营的重要内容。据估计，我国农村院落占地约 1 亿亩，一个农户可进行农业生产的院落面积大概占到整个院落面积的 1/3~1/2，这部分土地是生产空间。房前屋后栽培些花草树木、时令蔬菜，有效利用了土地，也美化了居住环境，是不可忽视的农业生产资源，甚至发展出来一种新型的经济类型——“庭院经济”。专家们把庭院经济界定为：利用自己院落的空间资源和闲散劳动力资源，使用就近可得的肥、水资源，在院落房前屋后的空地上，进行的种植、养殖、手工业和服务业的统称。庭院经济尽管在空间上是有限的，但在时间利用上呈现出灵活性和时效性，把种植、养殖、手工、土地、房舍、劳动力和时间资源综合利用到极致。庭院经济的内容十分丰富，村落一切可利用的自然资源和非自然资源都可以在庭院经济发展中找到位置，是乡村产业兴旺的重要内容，也是丰富农民生活的重要方面。特别是近几年，乡村休闲、旅游和农家乐的兴起，为丰富和发展庭院经济注入了新的活力。

失去农家院落，农民的生计会受到极大影响。一个已经被上楼的农民给我讲述失去农家院落前后的生活状况。上楼以前，他家里有 2.8 亩宅基地，除了三间北房外，盖了一座鸡舍，存栏 5 000 多只鸡，种了近一亩的蔬菜，老两口经营，每年有四五万元收入。上楼后，连个放锄头的地方都没有，地不能种了，养殖条件也没有了，已经 60 多岁了，只能在附近打打短工，老伴在家里闲着。一个小康户由此就变成了一个需要政府照顾的低收入户。

了解了农家院落的经济功能，就不会简单地把农民的宅基地界定为纯粹的建设用地，试图通过占补平衡获取农民宅基地的建设用地指标，显然，这样的“占补平衡”是不平衡的，结果是减少了农业生产空间，损害了农业生产条件，威胁国家农业安全，是特别需要引起警惕的行为。

2. 农家院落是农民的生活空间

院落的生活功能主要体现在两个方面。

一是为家人提供休息、娱乐和交往空间。一家人其乐融融，享天伦之乐，院落提供了理想场所。院落又是街坊邻里聚会的公共空间。农家院落是开放的，这种开放性不仅表现在其空间是敞开的，可以接纳阳光雨水，也表现在其社会性是敞开的。无论院落有无围墙，很少见到像城市住宅那样有把人拒之门外的防盗门和钢筋栅栏。院子的门是敞开的，欢迎随时来访的乡亲邻里。串门是村落里最为普遍现象，串门的目的十分丰富，可以是借工具或其他生活用品，可以是商量或请教一些事情，可以是聚在一起打牌娱乐，当然更多的是在一起聊天。正是农家院落的特殊结构，为村民之间的交流、互助提供了便利。

二是生活资料的获取，乡村的生产与生活是密不可分的，作为村落的一个“微型生产空间”，院落尽管面积不大，却可在一定程度满足农户自身需求，也给农民生活带来乐趣。人们常用“小而全”形容传统农户生产，这是带有贬义的称呼，实际上小而全某种程度上更符合乡村生产与生活的特点，是农民的特殊福利。

我们在延庆县与河北怀来县交界处的一个乡村调查院落的利用情况，70 岁的老李描述了他的院落生产和生活，可大致反映中国乡村院落利用的基本特点。

打一开春，这个 60 来平方米的院子里就开始了三季的生机勃勃：最早吃上的蔬菜是生菜；然后是“五月鲜”黄瓜；之后是细细的小香葱；接着，草莓秧上下，一颗颗果实坐果膨大；再后来，樱桃树上结出满树“红珍珠”；盛夏之后，豆角、西葫芦、茄子、南瓜……陆续而来。小院不仅是个小氧吧，还是餐桌上的保障。

“这两年，我在这个小院里，一共种过 43 种蔬菜、水果。”

“去年，从 4 月中旬就能吃上新鲜蔬菜，到今年 3 月，去年产的干豆角儿刚刚吃完。”

老李每天的生活很规律，日出而作，日落而息。早上，他要在小院里劳动 1 ~ 2 小时，除草、施肥、捉虫、采摘。

还在院落的一角建了个小肥料池，凡是可以腐烂的剩菜剩饭、残枝落叶，都倒在池子里，盖上土，经过发酵，就可以当作农家肥了。他还把自家葡萄架上的葡萄酿成葡萄酒。

“我酿的葡萄酒，绝对比市面上一二百元一瓶的葡萄酒好喝！”老李很自豪。

农家院落的生产常常是依据农户家庭生活需要而进行的，瓜果蔬菜的种植，鸡、鸭、鹅、猪等家禽家畜的养殖，都具极强的自给特点。前面谈到过了乡村手艺也是依托院落而存在的，乡村不仅为手艺提供丰富的原材料，也为手艺提供施展的空间。没有了院落，乡村手艺就会成为无源之水，手艺智慧就会枯竭。农家院落生产一定程度上实现了农户的“去货币化消费”，有助于满足农民对幸福生活的追求。

3. 乡村院落是重要的储存空间

院落不仅可以储存农具，也为农产品、生活物资的存储提供了条件。农业生产是一个连续不断的活动，作物从种到收，再到储存，需要农民辛勤的劳作，也需要一定的空间作保障。作物在农田里经过顺利的生长，如期成熟、安全收获之后，还要经过去壳、晒干、脱皮、分拣等，才能成为农民最终可利用的产品。农民并不是把收获后的所有产品立即卖掉，而是要保

■ 农家院落的储存功能不仅表现在存放农具、柴草，阁楼上可以存放粮食，院子里挖个地窖可以储存蔬菜和水果。秋收时节甚至屋檐下都挂上玉米。

留一部分满足家庭长年需求。这些产品的存放需要足够的空间。除了存放各种粮食，农民还要储存腊肉、酸菜、咸菜、水果、干果等。农民常常把当季吃不完的蔬菜或水果晒成干，储存起来留作冬天和第二年春天食用，如柿子饼、柿子干、葫芦条、红薯干、干豆角、干白菜等；有的还加工成醋、酒、酱、油等；有些院落里至今还保存着地窖，用来储存白菜、萝卜、红薯、马铃薯之类的农产品。此外，农户在农业生产中需要借助各种各样的农业工具和农业机械，这些工具和机械也需要空间存放。农家院落正是为满足这一需要而存在的。

除此之外，农家院落还是农产品加工的场所，像编织、酿造、手工织布、印染、木工等都只能依托院落而存在。2018 年的中央一号文件，明确提出要培育一批家庭工厂、手工作坊和乡村车间，作为乡村产业兴旺的重要内容，失去院落，没有乡村，这些产业便无从谈起。

我们曾去过某个“农民上楼村”，就农民住楼后农业生产的变化做了调查。53 岁的老张向我们吐露上楼后的“苦水”。

“没住楼前我们家住的是带有农家院的平房。那时候种地真是方便，出了家门走个十多分钟就到地里面了，早上去，干一上午回家吃完饭歇会儿下午再去，干到天黑之前，一天的活儿都不耽搁。现在搬到楼上了，离最近的地也有两三公里地，去地里很不方便，坐公交车去还得倒一趟车才能到，等到了地里都快半晌了，天热了干一会儿就得回家了，过去一天的活儿现在要干个三四天，耽搁功夫不说，主要是耽误种地的节气啊！”

“以前打了的粮食院子里、房顶都能晒，只要不下雨，就不用收，就在自个家里。天气有变就装袋，来得及，又省心。现在住楼了，实行小区化管理了，都不让在小区里晒粮食，物业说会影响小区卫生。这没地方晒粮食，粮食都装在袋子里，有好几袋子都发霉了！想来想去不打算种了，今年种上树了。”

老张还告诉我们，自家原来种的2亩西瓜地和菜地现在也不种了，虽然那是他们家最主要的农业经营收入来源，但是搬迁上楼后离土地太远了，没办法看管。第一年西瓜成熟时被人偷摘了几十个，第二年种的两沟葱被别人拔了个精光。第三年，他之后也学着大伙儿在地里种上了杨树苗。如今，地里的杨树苗长势喜人，而老张却满是叹息：“那么好的一块地种了树真是可惜！”

失去农家院落的农民生活是什么状态呢，我们对已经住上楼房而失去了农家院的农民进行了访谈，被访者普遍表现出“怀念农家院”的情怀。

“上楼生活条件好了，也卫生了、冬天暖和了。就是生活成本太高了，不说物业费、水电费，还有取暖费，现在每天的菜钱最少要花10块钱，太贵了！怀念原来的农家院啊！”刚刚从农家院上楼的57岁的殷富大叔感到很失落。

“农家院的好处是可以种菜。原来我们的院子有7分地，至少用3分地来种菜，那是想吃啥就种啥，什么豆角、茄子、番茄、黄瓜、小油菜……房前屋后种点就吃不完。”

“在院子里种菜，不费事。比如种南瓜，在院墙边上种上种子，等发芽长出小苗，在小苗的旁边插个杆子靠在院墙上，南瓜秧就顺着杆子爬到墙头上，最后沿着墙爬到树上，有时也爬到房顶上，平时浇浇水也操不了多少心，吃的时候摘就行了。许多户都种菜，丝瓜、葫芦、豆角都是这么种的。种黄瓜就更有意思了，看着黄瓜开花、小黄瓜一天一个样，心里特别开心。选一条顶花带刺的黄瓜，不用洗，摘下来就吃，又脆又甜；种一架黄瓜，全家也吃不完。”

“院子里一年产多少菜没算过，反正自己家吃不完，在城里工作的儿子、女儿也经常回来拿菜。春天有菠菜，夏天有黄瓜、豆角，秋天有番茄，冬天有白菜、萝卜，供着他们几家子吃菜没问题。那也吃不完，多余的就拿到镇上去卖。过去在市场上卖菜的属我们村的最多，都是自家院里产的。拆迁以后我们村在市场上卖菜的一份都没有了，原来要是早上赶早起来在街上走一走，打招呼的大都是我们村卖菜的，现在到市场看到的都是我们村买菜的。”

由卖菜的变成买菜的，殷富大叔感慨万分。

“现在的菜价太高了，两棵大葱要5块多，过去在我们家墙边种一沟葱，一年也吃不完呢。过去是想吃啥种啥，现在是什么菜便宜吃啥，在菜市场上转来转去哪一种菜都嫌贵，最后咬牙买一些便宜菜，都是自己不想吃的。”

“拆迁是得了不少钱，但人无远虑，必有近忧。过去粮食、蔬菜、鸡蛋都是靠自家产，只是偶尔到市场上买些用来调剂，一年也花不了多少钱。现在不同了，所有吃的东西都要靠买，谁知道以后的物价会涨到多少？有钱也不能大手大脚哇。到市场上买菜，不仅价格高，吃起来也不放心呢，过去在自己农家院里种菜，都是用农家肥，从不打农药，吃着放心。现在总是听到今天这不能吃，明天那不能吃的，整天提心吊胆的。还是自家院里有块地种着好！”[①]

有了钱，似乎没了根。这是很多上楼农民的共同感受。

---

① 朱启臻，留住美丽乡村，北京大学出版社，2014年版，第109–110页。

老百姓的这些感受，从一个侧面反映了村落的存在对农业生产的影响。村落是距离农田最近的居住场所，农民可以随时看管农田里的作物，防止因被盗或人为破坏带来的生产损失；收获以后的粮食放在自家，天气好可以充分晾晒，天气不好的时候可以及时装仓储存，不用担心没得吃。村落为农业生产提供的这些便利条件，是其他居住形式所无法具有的。

因此，要保证农业生产的顺利和安全，离不开村落，村落在农业灾害应对和防范上具有的条件和优势是不能被代替的。一个地域里村落的存在格局必定是综合考虑了当地的自然生产条件和环境，尽管有的区域属于灾害多发区，但那里的农民也一定是在长期的农业生产实践过程里掌握了应对这些灾害的办法和技能。美国社会学家斯科特对此也有类似的评价：农民或牧民，他们发展出了自己的定居方式，他们最了解这里的严酷环境，他们发展出的方式最适应这种环境。而国家强制的搬迁却会威胁到这种适应性的逻辑[①]。

① 詹姆斯·C·斯科特，王晓毅译，国家的视角：那些试图改善人类状况的项目是如何失败的，社科文献出版社，2004 年版，第 316 页。

第三节 村落资源综合利用

“人们一旦定居下来，土地就成了他们的住处，假如他们再进步一点，懂得了储藏和最原始的生产，土地就成了人类的仓库。”[①] 土地的生产功能并非直接源于它的自然特性，绝大程度上是因为土地为人类所改造、开发和利用，凝聚了人类的劳动。正是由于村落的存在，土地才得到了改善，耕地才得以合理利用；也由于村落的存在，才世代积累了耕地利用的知识和经验。

1. 耕地利用多样化

一个村落所拥有的耕地往往受到具体地形、土壤特质、与村落远近等因素的影响，这决定了耕地利用的多样化与差异化。中国绝大多数村落建在地形复杂的丘陵和山地上，这与美洲、非洲的大面积同质农田不同。耕地利用的多样化对提高土地的利用率、促进耕地资源的优化配置、缓解用地紧张的压力等具有重要现实意义，但是耕地利用差异化的这些效益不能简单用经济价值去衡量，它们往往关涉到较为深层次的利益，如耕地生态的平衡、农民生计的持续和社会秩序的稳定等发展层面上

① 赵俪生，中国土地制度史，齐鲁书社，1984 年版，第 57 页。

由于村落的存在，村边原来的荒地上都种满了各种蔬菜

的问题。

我们可以归纳出村落土地多样化的一般情景：较为平坦和宽阔的耕地是村落的农田，农民主要种植各种粮食作物和经济作物；而山地、丘陵地带的耕地则是村落的林地、山地，农民主要用来种植各种林果树木，如各种水果树、木材、药材等经济作物。并且在山地、林地上，通过土地平整，不少农民还种植了一些粮食作物。受到水、肥、气、热的影响，耕地的土壤特性具有差异，就会有不同肥力程度的耕地。农民在耕种时会考虑地块的肥沃程度，通常会在肥力好的耕地上种植一些高产

和满足家庭消费的粮食作物，而在肥力较差的耕地上种植一些杂粮或家庭生活补充作物。耕地的利用往往以村落为中心呈现类似圈层的特点。离农民居住场所最近的耕地是农民自家的菜园，农户的菜园虽然面积不大，但是种植的蔬菜类型是相当丰富的，一般可以满足一个农民家庭的食物多样性需求。也有不少地方的农民承包了菜园，发展了大棚种植，因为是以出售为目的，规模要比农户自用为主的菜园大得多。在菜园之外的地方，就是村落的农田，是农民主要的粮食生产区域。除了农田，这些地方也种植果树，是农户的果园。离村落更远一些的地方就只能种树，或成为村落的墓地，或由于碎石粗沙土质差而被撂搁。

传统农业虽然也把粮食的高产和优质作为主要目标，但生产粮食不是农业生产的唯一目的。北方农村有句谚语说："吃的烧的，都得顾到。"换言之，传统农业的产量概念和今天不尽相同，农民在进行农业生产时，把满足自身包括温饱在内的各种需要当作目标，因此，粮食作物的产量，不仅仅是粮食的本身，而在于所有能满足人类需要的各部分的总和。[①] 在这种产量观的支配下，农民往往需要种植多种农作物。这就需要对土地进行

① 曾雄生，亚洲农业的过去、现在与未来，中国农业出版社，2011 年版，第 313 页。

综合化的利用，最通常的做法就是杂种。

杂种方式有两种，一是在同一块田地里混合栽培。这种做法就是把多种作物共同种在同一块田地里，在土地面积不变的情况下，做到了对土地的综合利用。第二种方式是因土种植。这种做法就是在不同性质的土壤上种植不同的作物，对土地的综合利用充分适应了土地的自然性和发展性特点，在不对自然环境进行千篇一律而又劳民伤财的改造的前提下，不但克服了土地碎化给农业生产带来的负面影响，也保护了生态环境。每种作物及其品种的抗逆性都是不同的，杂种可以应对各种环境条件下的种植需要。

2. 耕地利用的精细化

到过乡村的人都会深刻体验到，农民对土地利用可以达到无以复加的程度。人们常用“见缝插针”形容乡村的土地利用。由于村落的存在，不仅“房前屋后”和农民的院落成为农业生产的重要空间，就是在村落的道路两旁也被农民密密麻麻种满了庄稼和蔬菜。从一个农户到另外一个农户，往往要小心翼翼地拨开道路两边已经交叉在一起的玉米叶子，低头、缩身才不会被玉米叶子划伤，村落里的农民就是这样利用土地的。

村落的存在，使中国人在有限耕地上养活了众多的人口，并创造了地力长久不衰的奇迹，其根源之一在于村落保存并延续了一套精耕细作的技术体系。常见的如间作、套种、轮作、连作等种植制度。精耕细作还包括了耕作过程的精细操作，耕地、耙地、轧地、底肥、追肥、插秧、灌溉、除草等一系列耕作环节无不包含着精耕细作的理念和技术。正是由于村落的存在，为精耕细作提供了可能，也为精耕细作技术提供了经验交流和技术传播的空间。

台湾的精致农业，就是通过农业生产资源的重新配置，由劳动密集型农业转向技术和资本密集型农业，增加农业经济效益，均衡农产品生产，提高农民收入。将传统农作制度中的优势和现代化投入相结合，走出一条不同西方大农场制度，适合中国传统小农制度的小型精致农业技术道路。其中依托村落开发农业的生活、生态功能，发展观光农业和休闲农业是其重要内容。发展出乡村花园、乡村民宿、观光农园、教育农园、市民农园、休闲农场、休闲牧场等旅游产品，其中休闲农场最具代表性。

3. 村落的循环利用

中国人种地，越种耕地越肥沃，得益于乡村的循环利用文化。乡村不仅是种植业养殖业之间得以循环的重要载体，也是乡村生产与乡村生活之间实现循环利用的重要节点。也就是说，循环利用只有在乡村环境中才是可能的。这是乡村的特点所决定的。

首先，乡村具有多样化的生产条件。如前所述，乡村不仅有多样化的种植业和养殖业，还有手工业，这样就为循环利用提供了条件，特别是乡村种植业与养殖业的结合，使能量循环成为可能。以秸秆利用为例，传统乡村秸秆利用出路有三个方向，一是通过沤肥把作物秸秆、杂草等变成有机肥；二是作为燃料，为农户取暖、做饭提供能源，燃烧后的草木灰作为有机肥；三是作为家禽家畜的饲料，由于农业“废弃物”种类不同，于是农民就养了不同的家禽、家畜以充分利用作物的不同部分，如养鸡可以消费残渣剩饭，养兔子可以吃萝卜、白菜，养牛、羊可以消耗不同作物的秸秆，家禽、家畜的排泄物再作为有机肥，实现种植业与养殖业之间有机循环。以秸秆为纽带的农业循环模式还有多种，如围绕秸秆饲料、燃料、基料综合利用，构建“秸秆—基料—食用菌”“秸秆—成形—燃料—农户”“秸秆—青贮饲料—养殖业”等产业模式。再比如，乡村沼气综合利用，将人畜排泄物、农作物秸秆、杂草、枯枝落叶、厨余垃圾、生活污水等作为沼气基料处理，产生的沼气作为燃料，沼液、沼渣作为有机肥。推行“猪—沼—果”等循环模式，形成上连养殖业、下连种植业的生态循环农业新格局。此外，还有各种类型庭院循环农业、立体农业等。除了农业生产，还有丰富的乡村手工业，它们以农业“废弃物”为原料，生产日常用品或制作工艺品，实现循环利用。农民用玉米的包皮做成蒲墩、用高粱秸秆做成盖帘，诸如此类，不一而足。与手工业结合的循环利用还表现在食品制作，我们参观过豆腐加工与养猪结合的农户，他们把豆类加工成豆腐，剩下的豆渣、粉渣用作养猪的饲料，猪粪再进沼气池，沼渣、沼液作为肥料，用于种菜。实现种植、养殖与加工业的循环利用。

其次，具备封闭循环的空间条件。自从农药、化肥等化学物质进入生物圈以后，导致环境污染并引起社会对农产品安全的担忧，人们开始探讨如何在现有条件下实现新的有机循环，生产绿色、有机农产品。其中，想到了农业的有机循环，如把乡村的垃圾收集起来生产有机肥，既利用了垃圾，又可以销售有机肥获得经济收入。结果，事与愿违，收集的垃圾分类问题难以解决，生产的有机肥质量令人担忧，不要说去销售，免费送给农民都会遭到抵制。原因在于人们对这种开放方式生产的有机肥的安全性不信任。

山东费县的农户，把做豆腐、养猪、种菜融合在一起，实现循环农业

我们调查过一个乡村的循环利用情况，首先是垃圾分类问题，现代生活垃圾比传统生活垃圾要复杂得多，许多有毒物质、不可降解的物质混在垃圾里，使垃圾的再利用非常困难。因此如何把各类垃圾分开是个复杂的问题，尽管每个农户门前都有垃圾分类桶，但是把垃圾放在哪个桶里，既需要垃圾分类知识，也需要高度责任心。有些责任心差的农户，往往图省事，把所有垃圾混在一起倒入垃圾池，村里还要派人进行第二次分拣。分拣的专职人员穿着胶鞋，到垃圾池走来走去，努力捡出那些不可降解的垃圾，令人头疼的是，在垃圾堆里很难把有害物质

全部找出来，即使付出了艰苦的努力，也难免出现“一颗老鼠粪坏一锅粥”的结果。所以，大部分农户都不敢使用回收垃圾造出来的“有机肥”。其次，是循环不完全的问题。即使这样一个不完整的循环，要维持它仍需要较高的成本。这种开放式循环最大的弊端是把本来紧密相连不可分割的农民生活与农业生产系统截然分割开来，形成了两个相对独立的运行系统。农民生活中的吃、喝、拉、撒，住房、取暖等活动，与农业生产的产前、产中、产后分离开来，互不相干，最终导致传统有机循环链条的断裂。

实际上，农业的循环利用只有在封闭的环境下才是可靠的。封闭循环的最大好处在于发挥农民的自觉性和责任感。人们要食用安全的农产品，要吃放心的肉、蛋、奶，要保护好耕地，只有实行封闭的循环，才能保证进入这个循环的物质的可靠性。没有人会把有害的污染土壤的废弃物扔到自家要使用的有机肥里。村落如果被破坏，封闭的有机循环链条就不复存在。这也是我们呼吁保护乡村，强调乡村生态价值的目的之一。当前的生态文明建设，乡村环境整治，可以从乡村循环利用文化中受到启示。

第四节 村落有助于抵御农业风险

人类从诞生那一刻就从未远离过风险，不管是在落后的原始社会还是发达的现代社会，人类始终生存在风险里。农业是一个风险性较高的产业，所面临的既有自然的风险，也有人为制造出来的风险。

自然灾害是农业生产面临的主要风险。人们常常说农业具有脆弱性特征，是因为农业生产在很大程度上“靠天吃饭”，增加了农业生产的不稳定性和脆弱性。就农业生产而言，自然条件变化并不总是农业生产对象所需要的，它常常超出农业生命体生理适应的范围，导致灾害发生。绝对的风调雨顺是不存在的。随着全球气候的不稳定状况加剧，频发的干旱、洪涝、低温、沙尘暴等灾害将使农业面临的自然风险不断加大。特别是洪涝、干旱、病虫害对农业生产造成的危害表现十分突出。

村落的存在使人们有条件了解每个地块的性质，实现因土种植，即在不同性质的土壤上种植不同的作物。每种作物及其品种的抗逆性都是不同的，因土种植可以避免或减少自然灾害，是农民在长期的传统农业实践中得到的宝贵的防灾知识和经验，是发展农业的重要财富。

由于村落的存在，为农业的防灾减灾提供了方便。每当天气降雨时，农民不是像城市人那样躲到屋里避雨，而是跑到地里观看排水沟是否打开，庄稼是否被淹；当遇到刮风时，农民会及时赶到田地里把倒伏的庄稼扶起来，以减少损失；当然，还要及时观察病虫害的发生、防止野生动物对庄稼的损害，如村民为了防止麻雀啄食快成熟的谷子，采取扎稻草人、吊铁桶风铃、插“白旗”等措施，更有农民通过在地里喊话，以驱逐麻雀。每到水稻成熟时，一些农户稻田里会遭遇“猪害”，农民便靠扯“白墙”、围铁丝等手段防范野猪侵害，有农户甚至从夜晚10时许到凌晨4时采用不定时燃放爆竹、睡地头等方式与野猪抗争，保护“胜利果实”。当然，在遇到特殊时期或紧急状态下，乡村还是“避难所”，2020年初的新冠肺炎突发公共卫生事件，很多地区都按下了“暂停键”，而宽松的村落环境，有助于封闭隔离管理，又不影响农户的农业生产正常进行，所彰显的都是乡村对农业生产的优势。

村落的存在为农民应对农业自然灾害提供了空间距离优势。由于农业自然灾害的发生常常是局部的、偶然的，很难预测，当自然灾害发生时，近地而建的村落满足农民应对农业灾害风险的要求，使农民能够及时赶到田间地头实施防灾减灾措施。村落为抵御自然风险也提供了集体协作优势。地缘和血缘维持着人与人之间紧密的关系，这里有亲密的亲属关系，有密切的邻里关系，一人有困难，大家支援，是既有传统。当村落共同面对农业自然灾害时，村落组织、邻里间互助、农户之间的协作，可以有效弥补单个农民应对灾害的不足。

除此之外，村落的存在也是农耕经验积累的重要条件。一个农民选择好某一块耕地意味着就要在这块耕地上从春季的耕种忙碌到秋天的收割，这期间农民不仅辛勤劳作、悉心照料农田，还要通过不断观察、试验，总结出适合当地的耕作方法，这些经验与方法在村落中被不断传播、使用、丰富和完善，并有效地保存在村落中。村落特定的空间结构和社会结构为农民之间交流、分享农业生产的新发现、新发明、耕作技术、方法和经验提供了便利。这些地方知识常常由父辈传到后辈，由自家传到他家，最终形成一套较完整的耕作知识体系，用以指导村落全体成员的农耕。从农业历史的角度来看，一个地域，农民的生产和生活方式在年岁循环的耕作过程中逐渐形成，并在这个地域的村落中被世世代代的农民延续。由此，地域性的农耕文化和传统借助村落这个载体便稳定了下来，其中大部分的内容

总书记参观过的农家院落，不仅栽培蔬菜和果树，还饲养鸡和猪，维系着传统的有机循环文化。

依然被今天生活在村落里的农民所知悉并遵循。

以上是我们对乡村与农业生产关系的一些认识，有人会说，如今科技发达了，没有乡村也可以发展现代农业。事实上，只要农业特点不变，乡村与农业的关系就不会发生变化。我们可以从消失的村落所引起的消极后果略见一斑。当村落消失，耕地失去了村落的庇护，会变得越来越贫瘠；农民远离耕地，力不能及，会导致土地荒芜。当村落消失，农民只能在楼里养猪，在屋顶上养鸡，否则就失去了生计来源；随乡村消失的还有庭院经济和乡村手艺。在少数民族地区，上楼的农民把祖辈传承下来的织布机送进了展览馆，家庭印染设备被闲置；依托院落而存在的豆腐坊、油坊、酒坊被迫放弃。甚至一些特色美食也因上楼而无法传承。

伴随村落消失的不仅是乡村性，还有农民的主体性。对农业最深层次的伤害，是从根基上动摇农民从事农业的主体地位，把农民硬生生地从土地上剥离出来，由农业的主人变成了农业的看客。

如果你有条件，建议你对上楼集中居住的农户的农业生产做个调查，先问问：他还种地吗？如果还在种地，遇到了什么困难？是如何解决的？如果不经营农业了，是什么原因？地给谁种了？接着再问问：接受耕地的人是什么人，他们在如何种地？把这些记录下来，整理成案例，一是便于大家交流，二是帮助更多人思考，我们国家未来应该发展什么样的农业。

第七章

未来的农业

几乎每个人对未来的农业都有自己的憧憬。有人认为机械化是未来农业的特征，有拖拉机、播种机、除草机、收割机耕作，有无人机撒药防虫，有自动化系统灌溉施肥，农民告别面朝黄土背朝天的辛苦劳作，成为体面的职业。

现代化行走式喷灌机械

工厂化生产蔬菜

也有人认为，未来的农业是以科技含量大幅提高为标志，生物技术培育出更符合人类需要的新品种，农产品品质大幅提升；超级稻甚至可以生长在滩涂，用海水灌溉；戈壁滩上建起百万亩的温室大棚；城市中心的高楼里可以建设现代化植物工厂，不用土就可以长出各种蔬菜。任何时间、任何地方都可以发展想要发展的任何农业。

随着物联网、大数据、电子商务等技术的进一步开展，农业与互联网的结合日益紧密，互联网可以实现无人环境下自动种粮、种菜，实现网上交易、电子支付、无人配送。届时，农民只要在手机上操作，就可完成粮食和蔬菜从种到收，再到销售的全部过程。

也有人把“共享农场”作为未来农业的方向。这一新型的共享经济，可以将农民、游客、农场结合起来，通过“共享农场”电商，将生活在都市的人与农场主连接起来，用线上认养、线下代养的模式,让消费者与农场主达成合作,分享农场种植成果，最终实现消费者与农场生产者的共享共赢。

对未来农业的各种描述还有很多，给人们展示的未来农业的壮丽画卷和美好憧憬。但是有些基本理念和规律是不会发生变化的。无论发展什么样的农业，以下三个方面都是必须始终坚持的。

第一节 可持续的农业

无论把现代农业描绘的如何眼花缭乱，现代农业的核心理念是始终如一的，那就是可持续发展。以规模化、机械化、化学化、专业化、标准化等为标志的工业化农业，因机械、化肥、农药、除草剂等大量使用，迅速提高土地生产率和劳动生产率，满足人口膨胀对粮食需求的同时，也带来一系列触目惊心的不良后果，如环境污染，水土流失，生态破坏，动植物品种单一化引发的生态灾难等。过分依赖现代技术而制造的化学合成物，严重污染土壤环境和作物，地球难以自净，土壤难以消化，特别是它超过了河流的自我修复阈值，使得污染无处不在。最后富集到人体内，威胁人类的健康。

1987 年，在日本东京召开了世界环境与发展委员会第八次会议，通过了《我们共同的未来》报告，第一次提出“可持续发展”的明确定义，即“在满足当代人需要的同时，不损害后代人满足其自身需要的能力”。可持续发展农业是指采取某种合理使用和维护自然资源的方式，实行技术变革和机制性改革，以确保当代人类及其后代对农产品需求可以持续发展的农业系统。按可持续发展农业的要求，今后农业和农村发展必须达到的基本目标是：确保食物安全，增加农村就业和收入，根除贫困；保护自然资源和环境。据此，我们认为中国农业的可持续发展应该包括三个主要方面内容。

1. 耕地利用的可持续

“高投入、高产出”“旱改水”曾经是振奋人心的口号，高强度地透支土地追求眼前利益的同时，带来的还有短期内难以治愈的灾难后果。“一把能攥出油”的黑土地，如今越来越依赖化肥。在齐齐哈尔市，技术人员指着脚下的黑土地告诉我说，十年前这块土地有机质含量是 7%，现在只有 3%，差不多已经是作物生产发育的临界点。过去只要撒上种，不用化肥也能丰收的，如今的黑土地已经离不开化肥。在北大荒，黑土层的厚度由开垦初期的 80 ~ 100 厘米，下降到了 20 ~ 30 厘米。如今的黑土地变“薄”了、变“瘦”了，也变“硬”了，如何保护数百年才能形成 1 厘米厚的黑土地，迫在眉睫。华北平原耕作层的厚度已经低于适宜耕作的 3 ~ 7 厘米的范围。西北五省的盐碱耕地面积超过了 4 000 万亩，而且污染严重，全国耕地土壤点位污染超标率达到 19.4%，[①] 近五分之一的耕地被污染。习近平总书记 2016 年 5 月在黑龙江考察时强调，要采取工程、农艺、生物等多种措施，调动农民积极性，共同把黑土地保护好、利用好。可以说，为黑土地的保护提出了具体而综合的思路。

如何保护耕地，人们做了种种努力，减少化学品的投入，推行秸秆还田，发展有机农业等措施。中国农业大学与梨树县人民政府合作，设立中国农业大学梨树实验站，建立了国家黑土地院士工作站和国家现代农业研究院，探索实施了以“秸秆覆盖、条带休耕”为主要内容的保护性耕作“梨树模式”，为推进黑土地保护利用提供了“梨树方案”。在农业政策和发展理念上，也不再一味追求产量，而是向产量、质量、品种、资源综合考量的方向转型，同时向传统汲取智慧。2016 年的中央一号文件明确提出，探索实行耕地轮作、休耕制度试点，通过轮作、休耕、退耕、替代种植等多种方式，对地下漏斗区、重金属污染区、生态严重退化地区开展综合治理。同时，因地制宜，宜农则农，宜林则林，宜牧则牧，树立“大”粮食观，也是可持续农业的重要方面。

---

① 董峻、傅晓航，大国根基，山东科学技术出版社，2019 年版，第 198–201 页。

秸秆覆盖　　秸秆还田

农业的可持续发展，除了保护耕地，关键是合理地利用耕地。古人遵从“天人合一”理念以及“三才”“三宜”等理论的指导，耕种了几千年的土地不仅没有退化反而越种越肥沃，主要经验在于：在种植制度方面，为保证农作物产量和土地的永续利用，采用多熟制种植、间作、套作、轮作、休耕等耕种制度；在物质利用与能量循环方面，创造了桑基鱼塘、农牧蚕鱼系统、稻鱼鸭等土地利用形式。

如轮作，俗称“换茬”，是用地养地相结合的有效措施。不仅有利于充分利用土壤营养，如不同作物对营养要求存在差异，不同作物植物根系深浅不同，轮作有利于营养的均衡利用，还可防止作物病虫害。更重要的是轮作能有效地改善土壤的理化性状，调节土壤肥力。

“稻田养鱼”是江南地区人民为缓解人地关系紧张而节约土地的一项发明，是种植技术和养殖技术的有机结合。田鱼觅食时，搅动田水，搅糊泥土，为水稻根系生长提供氧气，促进水稻生长；田鱼吃了稻田里的猪毛草、鸭舌草等杂草以及叶蝉等害虫，不用使用农药和除草剂；田鱼的排泄物等于给稻田施加有机肥料，最终人们获得了鱼肉和稻米，动植物蛋白质齐全，取得良好的经济效益。稻鱼共生，种养结合，充分利用了空间，也节约了土地，同时还减少了中耕所需要的劳动力投入，可谓一举多得。

“桑基鱼塘”是另一种独具地方特色的土地利用形式，主要原理是依赖于鱼塘肥泥种植桑树，桑叶用来养蚕；而鱼塘则依赖于蚕屎养鱼。这样互相依存的农业形式，在南方养蚕区，一直延续至今。据《高明县志》(1894年)载：“将洼地挖深，泥复四周为基，中凹下为塘，基六塘四，基种桑，塘蓄鱼，桑叶饲蚕，蚕屎饲鱼，两利俱全，十倍禾稼。”[①] 千百年来，桑基鱼塘不断发展，长盛不衰，成为生态农业的一种典型模式，同时促进了我国淡水养殖业、蚕桑业、织造业、食品业及对外贸易的发展，产生了巨大的经济效益。一望无际的桑基鱼塘，形成一道风景秀丽、壮观独特的人文景观与良性循环的生态系统，是生态农业的极致典范。

---

① 王思明，如何看待明清时期的中国农业，中国农史，2014年版第1期。

无论是稻鱼共生，还是桑基鱼塘，都属于立体农业的形式，节约了土地，缓和了人地关系紧张的矛盾，通过发挥生态系统中物质能量循环转化和生物之间的共生、相养规律的作用，达到了集约经营的效果；系统内部食物链中各个营养级的生物量比例适量，物质和能量的输入和输出相平衡，并促进动植物资源的循环利用，生态维持平衡。特别是减少了对农药的依赖，维护生物多样性的存在，为现代可持续农业提供了可借鉴的发展思路。

“黄土高原的土地资源合理利用实验”，是现代合理利用土地实现可持续发展的成功案例[①]。主要做法是，改变过去广种薄收、乱垦乱伐的粗放经营方式，以村为单位选择坡度小、适宜耕种的地块，建设基本农田，采用现代旱作农业技术，使人均粮食达到500千克，其余坡地全部退耕还林、还草。在此基础上，发展畜牧业、林果业和农产品加工业。米脂县的泉家沟村，采用这个模式，1988年，全村耕地减少一半，单产增加了61%，累计植树、种草1 769亩，人均收入高出全县人均收入的1.1倍，河道泥沙含量减少了64.5%。联合国粮农组织考察后认为，这是一个在世界同类地区值得推广的模式。

① 董峻、傅晓航，大国根基，山东科学技术出版社，2019年版，第209页。

稻草—饲料—养殖—有机肥模式在发达地区试点

现代科学技术应该停止对土地掠夺性开发使用的研究，转向对可持续利用土地的研究，既满足当代人的基本需要，又营造良好的生态环境，为土地的永续利用提供技术支持。

第二节 多样化的农业

有人片面理解专业化的含义，甚至把工业文明专业化概念不加思考地生搬硬套到农业上，一方面鼓励种植大户，另一方面培养养殖大户，种的不养，养的不种，各自为了自身利益，

以牺牲环境为代价。养殖大户，要的是肉、蛋、奶，而不需要禽畜的排泄物，导致抗生素滥用、排泄物重金属超标，规模化养殖场集中污染耕地、河流和地下水。种植大户缺少有机肥，高投入、高产出，过量地使用化肥、农药、除草剂，导致了严重的面源污染。农业这个本来环境友好型产业，如今成了污染大户，与错误的农业发展理念不无关系。

关于多样化农业的好处，对耕地的利用，对农民需求的满足，我们在前面的相关章节已经做了详细的介绍，不再赘述。这里，我们从可持续发展的角度对农业生物多样性和农业组织对多样性的影响做些分析。

1. 农业生物多样性

生物多样性是地球经过几十亿年进化发展的结果。它不仅为人类提供了粮食、材料、能源等生活、生产基本需求，而且在调节气候、改善环境、消除污染等方面为人类的健康生衍提供不可替代的物质基础。农业生物多样性是以自然多样性为基础，以人类的生存和发展需求为目的，以生产生活为动力而形成的人与自然相互作用的生物多样性系统，是生物多样性的重要组成部分。

在自然界任何一种生态系统中，过度单一的危害性都很大。最典型的例子莫过于 1845—1850 年爱尔兰由于单一种植马铃薯而酿成的“爱尔兰大饥荒”。马铃薯是当时爱尔兰人赖以维持生计的主要农作物，由于单一种植，一种称为晚疫病的病菌，感染了马铃薯,导致大面积腐烂而绝收。加上一些社会与经济因素，使得贫苦农民失去生计，5 年的时间内，人们因饥荒导致饿死、病死、移居海外，使爱尔兰人口锐减了近四分之一。

在工业文明影响下，农业生产实践中“单一化”不仅不认为是问题，反而认为是现代化的特征，欧美等一些发达国家已形成了玉米带、棉花带、畜牧带等农业带，区域化农业生产格局常常为人们所推崇，区域化、集约化、规模化、专业化等概念充斥在各类农业发展文件中，并作为农业发展潮流而倡导。当人们陶醉于这种高产出的现代农业方式时，农业的隐患和危机却已悄然而至：生物多样性和生态平衡横遭破坏；病、虫、草、鼠害频发且逐年加重，化学农药用量直线攀升；农业环境和农产品质量的安全问题凸现；作物、土壤、养分、光照、湿度及其他生物间正常的平衡关系被破坏，农业生态系统免疫功能失常；土壤生物活性下降，农业生态系统免疫功能失常。

大量研究已经表明，农田生态系统生物多样性降低都与农业集约化、单一化的种植方式有关[①]。一方面，农田农地的过度开发、田块的规模化经营，使乡村沟渠、田埂消失，农田边界被破坏，小片林地、坑塘湿地消失，生物多样性锐减，路面过度硬化导致农业半自然生境的丧失。另一方面，集约化的农事管理中大量使用的农药、化肥造成农业环境质量急剧降低，农业生物多样性减少，物种之间及生物群落的多样性和稳定性遭到破坏。农用土地向低级、简单的生态系统退化。生物界本是一个相生相克和谐统一的系统，而在当今农业生态系统中，由

① 丁陆彬、何思源、闵庆文，农业文化遗产系统农业生物多样性评价与保护，自然文化遗产，2019 年第 11 期。

鱼菜共生生态系统新技术

于大量使用农药，不仅杀死了主要有害生物，也杀死了大量无辜的天敌及中性生物，使得具抗性的有害生物大发生时，由于没有相应的天敌去自然抑制，往往导致其大暴发，逼迫人类使用更高毒力或更大剂量的农药去压制，如此进入恶性循环。很多人羡慕的美国规模农业，由于过分依赖化肥和农药，导致土壤恶化和环境污染严重，美国 31 个州存在化肥污染地下水问题，美国中西部一带农田的表土，早年深达 1.8 米，是世界上罕有的肥沃土壤，目前表土只剩下 0.2 米。1970 年美国玉米小斑病大流行，15% 的玉米产区颗粒无收。昆虫的抗药能力在过去的 40 年大幅提高。

专家们认为，人类只有利用生物多样性来持续控制农业有害生物，才可走出恶性循环的被动局面。

如何保护农业生物多样性？研究者认为，除了提倡多样化农业外，维系农业景观多样性是一种有效提高农业生物多样性的手段。特别是营造一定的非作物生存环境，如林地、田块边缘区、草地、灌木、篱墙等，可以作为捕食性昆虫、传粉昆虫等动物的避难所，有利于它们迁入邻近的作物生境中对害虫起到调节和控制作用。欧洲一些国家采取措施来保护农田边界，或保留少部分农田鼓励多样化种植，发展农林复合经营；建立农田边界缓冲带种植；保护传粉动物、害虫天敌的栖息地和生存环境。

本来，我国传统农业“天人合一”的系统生态观，强调因时、因地、因物制宜的“三宜”耕作原则，包含了丰富的生态合理性的理念，作物间混套作、农林间作、轮作、复种、作物覆盖、稻田养鱼、稻田养鸭等都是人工创造农田小生境多样化，实现

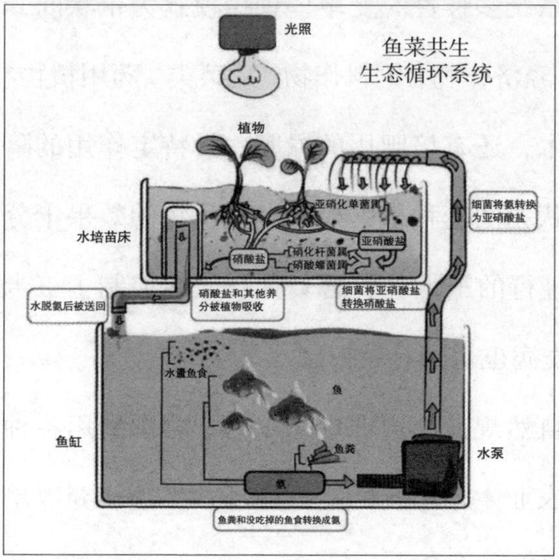
光照
鱼菜共生
生态循环系统
植物
水培苗床
亚硝化单菌属
细菌将氨转换为亚硝酸盐
亚硝酸盐
硝酸盐
硝化杆菌属
硝酸螺菌属
水脱氨后被送回
硝酸盐和其他养分被植物吸收
细菌将亚硝酸盐转换硝酸盐
水蠹鱼食
鱼
鱼缸
鱼粪
水泵
氨
鱼粪和没吃掉的鱼食转换成氨

鱼菜共生

农业生态系统持久稳定的典范。在不断采用新技术武装农业的过程中，如何进一步发扬传统农业可持续发展的生态理念是值得我们深思的问题。

构建和恢复农田生物多样性的基本方法，就是效仿自然生态系统，在生产农田中创造出多层次的农业生物多样性①：生态系统多样性、物种多样性和品种的多样性等，如在旱地条件下，通过挖塘储水养鱼，创造水生环境，被称为庄稼保护者的蛙类会成倍增加，进而能有效地控制害虫暴发；在农田一定范围内开辟林地，增加益鸟的数量，可以减少害虫数量等。这些措施有助于构建农田生态系统多样性。变单一种植模式为带状间套轮作，包括粮食作物、经济作物、饲料作物、蔬菜类、药用植物、花卉及果树、经济林木，还有培肥用的绿肥、具特定作用的陪植植物等，均以条带状相间套种植，控制有害生物的效果十分明显：云南农业大学进行的玉米马铃薯套种有效地控制了玉米大小斑病，马铃薯晚疫病也得到有效控制。

现代农业要顺应自然规律，遵守生态规律，合理利用各种农业自然资源，维持农业生态系统的良性循环，必须摒弃以单

① 高东等，利用农业生物多样性持续控制有害生物，生态学报，2011年第12期。

温室葡萄

一化为特征的规模化和专业化种植理念，树立多样化农业理念。

2. 多样化农业的载体

农业的多样化，不仅表现在农业生物的多样化，也必须考察农业生产模式的多样化问题。与生物多样化的道理一样，单一的农业模式同样面临诸多风险。未来的农业模式一定是因地制宜的多种模式，可以有大农场的规模生产模式，也必须有小型农场的特色农业模式；有平原农业，也有山地农业；有以机械化为特征的农业，也有手工劳动为主的精致农业；有自然环境下的农业，也有人工环境下的农业。哪怕农业生产过程，普遍实现了智能化和自动化，也一定还会保留生活的农业。

我们需要考虑的是，何种农业组织形式最能适应不同类型的农业生产模式，或者说，怎样的农业组织形式最有生命力。目前流行的几种农业生产模式：一是公司模式。规模化的雇工农业，不仅难以实现规模效益，雇工成本高、劳动质量差、季节性雇工困难等问题是普遍存在的。在 2020 年初遇到的新冠肺炎突发公共卫生事件的情境下，规模农业因雇不到劳动力，蔬菜烂在地里，这样的农业损失最为惨重。二是土地股份制模式。最近一些地方因找不到让集体增收的措施，通过红头文件方式推进农村土地股份合作，集体统一经营，承诺给农民付地租还有分红，实际上无红可分，有的地方已经没有支付雇工工资的能力而惨淡经营。三是托管模式。这种模式的最大问题在于托管公司既不对耕地保护负责，也不对农业生态负责，最容易导致追求眼前利益的短期行为。四是最近一些年发展起来的公司加代理人模式。基本做法是龙头企业流转农民土地，再把土地交给“代理人”耕种，龙头企业控制农业生产的上下游利润，通过卖给“代理人”种子、化肥和农药，回收农产品实现其利益。

这种模式下农民得到的是地租，“代理人”获得的实际上是劳务，公司获得的是农资供应和销售利润，加上政府的补贴和政策支持。这种情景下的最大问题是，没有人保护耕地，更不会有人对可持续农业感兴趣。农民只关心地租，成了农业生产的旁观者；代理人关心生产出多少粮食，龙头企业关心卖出了多少农资、获得了多少政府支持。可见，这样的模式有害于农业可持续发展。

那么，有没有一种组织形式，既能实现农民利益，又能有利于农业的可持续发展呢？回答是肯定的——家庭农场。在前面的相关章节对家庭农场的好处已经做了很多介绍，这里进一步从可持续发展和农业生物多样性做些分析。

家庭农场环境下可以实现种养结合。种养之间的有机循环是传统农业文化的精华，但是随着现代养殖业的兴起，家家养畜禽、沤肥还田的模式分崩离析了，而规模化养殖和规模化种植业渐渐超出环境的承载能力。家庭农场在适度规模的环境下，可以成为恢复循环农业的理想载体。

新华社中央新闻采访中心记者董峻在《大国根基》一书中描述了一个种麻竹笋的故事。麻竹笋种植对肥水要求很高，有一年天旱，竹笋长得很差，但有一个农民种的 15 亩麻竹一点没有受影响，原来他家养了十几头猪，猪的粪尿和清洗猪圈的污水，

家庭农场环境下的多样化种植

人家一担担挑到麻竹地里当了肥料。由此，一位被称为“包黑子”的竹笋经营者受到启示，搞起了“一亩麻竹一头猪”模式，把猪场建在丘陵的高处，粪水经沼气池发酵后，沼液顺管道自然流入坡下的麻竹地，实现了种养结合，精准施肥灌溉。一般养猪场讲究“肉料比”，“包黑子”养猪讲的是“竹猪比”，种多少竹子养多少猪。三五百亩地养三五百头猪，源源不断的肥水恰好完美地滋润了周边的麻竹林。麻竹有了丰富的营养，竹笋长得又肥又大，养猪又不对环境造成污染。

这些年各地兴起的“猪—沼—果”“猪—沼—菜”等循环农

业模式都取得很好生态效益和经济效益。其实，这样一个模式，完全可以推广到“猪—沼—粮”模式，从粮食增产靠化肥转向依靠种养循环模式。

家庭农场环境为实现农业生物多样性提供便利。多样性农业或农业生物多样性，在家庭农场环境下更容易实现。家庭农场为了满足自身需求，会种植多种多样的粮食和蔬菜，也会因地方生活习惯而保留传统的地方品种，我们到乡村，常遇到农民自豪地介绍自己如何保存了老品种，请大家品尝老味道。这种生活习惯的惯性客观上使地方特色农业得以延续。家庭农场环境下有利于践行“三宜”耕作原则，可以把因时制宜、因地制宜、因物制宜做到细微处。比如农民根据不同地块选择不同的作物种植；根据不同的环境条件选择轮作内容以及轮作时机和顺序；根据病虫害发生规律，选择间作品种等。规模适度、家人劳动的家庭农场，为维系农场生物多样性提供了便利和可能。如家庭农场具有保护和维系农田土壤中的多种微生物、蚯蚓、蚂蚁、白蚁、线虫等生物的积极性，这些生物物种对农作物生产起着积极的作用。园艺作物经常需要依赖授粉动物，包括蜜蜂、飞蛾、蝴蝶、甲虫、蝙蝠、蜂鸟等。

我在成都郊区参观过一个种植蔬菜的家庭农场，他们通过施用有机肥，地力提高了，抗病能力增强了；采用了间作和轮作，把不同科的蔬菜间种在同一块地里，可以驱虫防病；利用生物多样性的原理防虫，种植了茴香、大蒜、茼蒿等，这些蔬菜本身就有驱虫功能。在田埂、农田周边的边界、排灌水沟渠两旁，保留着丰富的自然植被，作为作物天敌的繁殖和栖息场所，还在田间地头种植香料和各种驱避植物，有薄荷、香茅、迷迭香、薰衣草、万寿菊、野韭菜等数十种植物。主人介绍说，除了第一年，缺乏防虫经验，产量受到影响，以后的蔬菜一年比一年好，不用农药一样比别人种得好。不远的地方就是现代农业示范园区，大白菜全得病烂掉了，而家庭农场的白菜长得很健壮。两相对比让农场主感到很有自豪感和成就感。

第三节 高素质的职业农民

2021 年 1 月 20 号，农业农村部为贯彻落实《国务院办公厅关于坚决制止耕地“非农化”行为的通知》《国务院办公厅关于防止耕地“非粮化”稳定粮食生产的意见》，有效遏制耕地撂荒，充分挖掘保供潜力，下发了《农业农村部关于统筹利用撂荒地促进农业生产发展的指导意见》。通过这个指导意见，我们看出两个问题：一是一些地方出现了不同程度的耕地撂荒现象，导致土地资源浪费、耕地质量下降，给国家粮食安全和重要农产品有效供给带来一定影响。二是农业生产者离开了土地和乡村，进城务工，没有精力顾及耕地。换句话说，耕地撂荒是因为人们不愿种地或者没人种地了。为什么会出现这样的情况？一般解释是“种地不挣钱”导致的。事实上，当我们进一步思考撂荒深层次原因时，就会发现，撂荒现象本质上是因为没有很好落实国家土地管理制度：一方面没有认真落实土地承包关系长久不变政策，削弱了农民对土地的感情；另一方面，没有很好地执行土地退出机制，对连续抛荒的耕地没有及时收回并流转给种地的农户，致使适度规模的家庭农场难以形成，收入自然难以提高，进一步导致种地积极性下降。如此往复，形成恶性循环。防止耕地撂荒的有效做法：一是要真正落实承包关系长久不变，强化农民对土地的感情，增强农民珍惜土地、用好耕地的自觉性。二是鼓励流转和严格执行土地退出机制，对撂荒连续两年以上的，集体可以收回，或要求终止土地经营权流转合同，把土地交给种地的农民，形成稳定的家庭农场，政府给予精准支持，使其获得较好的收入。唯有如此，才能培育出稳定的高素质农民群体。

实现农业和乡村的现代化必须从培育高素质的农民开始。

关于未来谁种地，根据前面论述的农业特点与农民的关系，土地特性与农民的作用，可以得出这样一个结论：不论过去、现在还是将来，种地的只能是农民。农民，只有农民才是耕地的主人。

2012年的中央一号文件首次提出要大力培育新型职业农民，“职业农民”是非常重要的一个概念，过去的“农民”是一个身份概念，即有农业户口的人，从刚出生的小孩，到八九十岁的老人，只要是农村户籍，就被统计在农民大军中。职业农民的提出，把农民界定为农业经营者，对政府相关部门识别农民、支持农业，促进农业的健康发展具有十分重要的意义。但是，后来人们对职业农民的理解出了偏差，很多人认为给农业企业、农场老板打工的人就是“职业农民”。其实，挣工资的人是工人，在农场劳动，是农业工人，而不是农民。工人是给别人劳动，获得的是工资收入；农民是为自己劳动，获得的是自己生产经营收入。所以，农民兼有老板和打工者双重身份。新型职业农民是什么，是以农业为职业、收入主要来源于农业生产经营的高素质的农业生产经营者。我们讲的新型职业农民具有以下三个显著特征[①]。

第一，新型职业农民是市场主体。传统农民主要靠传统生产方式，以维持生计为目标，是自给自足的农业；与传统农民不同，新型职业农民生产目的，除了满足自己消费需要，还在于为市场提供农产品，要充分地进入市场，并通过利用市场信息、提高产品质量、调整农产品结构、延长农业产业链条、利用农业的多功能性等满足消费者需求。

第二，新型职业农民具有高度的稳定性。这里的稳定性是指农民作为职业的稳定性，稳定是农业对从业者的基本要求，只有稳定性才可能积累农业生产经验、提高农业生产水平，因为农业生产是具有地域性和较依赖实践经验的活动，没有长期的经验积累，把农业做好是不可能的。土地需要精心呵护、地力需要长期培植，农业的可持续发展在稳定的土地承包关系中才能得以实现。此外，稳定性的另一个表现是新型职业农民把务农作为终身事业，而且有农业生产的后继者，实现农业生产者的代际传承。

第三，实现全年内的“充分就业”。大家知道，农业的季节

---

① 朱启臻，生存的基础：农业的社会学特性与政府责任，社会科学文献出版社，2013 年版，第 130–131 页。

性是农民一年内就业不充分的主要原因，“一年三月闲”的问题影响农民收入，也是兼业农民产生的原因。以打工为主的兼业农民，因主要收入来源于打工，农业沦为家庭“副业”，缺乏对农业的责任，难以充当未来农业的主体。新型职业农民则不同，农业收入是其主要收入，他们重视农业的产出和市场价值，注重资源的合理配置，种粮的农民通过创建种养结合的家庭农场解决劳动时间不均衡问题，果农、菜农通过发展融合农业或设施农业，合理安排农业活动，不同活动在一年内交替进行，做到农闲不闲，农忙不忙，实现了全年的“充分就业”。与此同时，职业农民也获得了较高的收入。

山东郯城县归昌乡陈庄村有个“农大家庭农场”，农场主陈龙于 2001 年返乡投身农业生产，利用自家承包和流转的 29 亩土地种植水稻和地瓜取得良好效益后，陈龙又流转了 160 亩“撂荒地”，凭借精细化管理，获得了粮食大丰收。此后不断扩大生产规模，拓展经营项目。他活学善用，自 2014 年开始，逐步引进架设了可视化大田监控系统，购买并应用智能灌溉设备，实现了远程控制浇水作业和大田物联网“智慧农业”。通过将手机 APP 与监管系统相连，可以随时随地了解农场的农业生产作业情况，对保证农场的作业质量、宣传服务效果具有较好的促进

陈龙驾驶自己改造过的喷雾设备给麦田打药

作用。几年来，陈龙采用的新技术不下几十项，育种技术、种植技术、施肥、植保、农机与无人机技术等，还先后获得了“便捷式抽水泵”“水稻育秧用铺底土装置”等四项专利。如今，陈龙购置了多种农业机械和无人机，不仅自己生产实现了智能化、机械化，还给周边农户提供水稻育秧、插秧、打药等农业生产托管服务，成为新型职业农民的典型代表。

现实生活中谁是职业农民呢？典型的职业农民是家庭农场的劳动者和合作社的骨干，或者说，家庭农场与合作社是新型职业农民的主要载体。新型职业农民与其他农业从业者相比，不仅有文化、懂技术、会经营，其社会责任要求也不断扩大突出表现以下三方面。

第一，新型职业农民要对消费者负责。诚实守信是中华民族的传统美德，更是对新型职业农民的基本素质要求。现代市场经济同时也是信用经济，需要良好的信用支撑，它要求人们在社会经济活动中以诚信为本，具有重承诺，守信用，讲信誉等良好品质。靠良好的信誉赢得市场的经营主体会获得丰厚的回报。如果丧失诚信，轻则伤害的是农产品消费者的购买信心，重则危害消费者的人身健康，甚至会影响国家农产品的国际竞争力。以诚为本、诚实经营，才能立于不败之地。

第二，新型职业农民要对环境负责。职业农民是以土地为生的群体，他们继承了传统农民对土地的深厚感情，具有自觉保护耕地的意识；同时又掌握了现代生态农业技术，具有维护农业生态环境的知识和能力。新型职业农民在农业生产过程中能够创造性地恢复和发展循环利用、用地养地的文化传统，不掠夺性使用耕地，不滥施化肥、农药，不污染和破坏环境。同时，还会坚定地同破坏生态和污染耕地的行为做斗争，只有新型职业农民才能自觉承担农业环境保护主体的责任。

第三，新型职业农民要对后代负责。新型职业农民在土地上倾注了感情，希望把土地交给自己的下一代继续使用。他们保护耕地，培肥地力，不改变土地性质，目的就是为子孙后代留下永续利用的土地资源。他们希望自己后代继续从事农业，守住这块倾注了感情的家园。理论上，人人都可以成为新型职业农民，但实践中，成为新型职业农民的前提是有一块自己可以支配使用的土地，而新型职业农民的后代具有先天的条件。从这个意义上说，新型职业农民为培养稳定的农业后继者提供了条件和可能。

可见，新型职业农民要承担比一般人更多的社会责任，不仅要对自己负责，还要求其行为对他人、生态环境、社会和后人承担责任。一般来说，责任的大小与社会地位高低成正相关，随着新型职业农民社会责任的扩大，其社会地位也会越来越高。未来的新型职业农民一定会成为受社会尊敬和羡慕的职业。

新型职业农民的培育，政府除了要提供诸如土地制度、农业保护与支持制度外，教育培训也是不可或缺的。目前迫切需要解决的问题是有效的培训内容和培训途径。在培训内容上要摒弃传统的重技术轻理念的做法，除了必要的农业技术外，重点要放在技术创新能力的培养，重视发展理念的教育以及农业性质教育。如农业科技的发展方向，互联网技术在农业生产与农产品销售中的应用，家庭农场经营与农民组织建设，农业特点与政府责任，农业的可持续发展等，都是受农民欢迎且可以指导农民生产的应用课程。高素质农民重视基本原理的学习，他们要知其然，也要知其所以然，这是创新的重要条件。在培训途径和方法上，要摒弃传统的重课堂讲授轻实践、轻自学的观念。最近的研究表明，最适合农民掌握新理念、新方法的教育途径是参观示范与农民的自我学习。所谓“百闻不如一见”，只有让农民看到实实在在的效果，或者把新技术演示给农民，让农民有了感性认识，才容易把新技术、新理念转变为实践行动。随着互联网和智能手机的广泛应用，新型职业农民的微信群已经成为他们彼此交流经验、学习新技术的有效途径。有些地方政府的农业服务部门给新型职业农民的微信群配备专业技术人员进行咨询服务和技术指导，提高了新型农民的学习效率。

最后，再谈谈科学技术。现代农业一靠政策，二靠科技。政策的作用是引导和支持，科技则是第一生产力。无论采取何种农业经营模式，也无论谁充当农业经营主体，科技都是必不可少的。我们需要重新思考的是科技、农业和农民的关系问题。以往我们的很多做法是让农业和农民迁就科技，如为了使用大型拖拉机，我们就大搞平整土地，甚至要把丘陵、山头都要推成平地。结果，机械化没实现，生态却遭到破坏；为了使用大

科技与农业结合才能孕育新的希望

机械，要搞规模化，填平了原本有生态功能的小型湿地、沟壑、田埂，改成了一望无际的无差别的农田，使农业的多样性损失殆尽；为了专业化，而制造出相互割裂的规模化养殖和规模化种植，使宝贵的循环农业文化丧失。类似这种为机械化而机械化、为规模化而规模化、为专业化而专业化的做法，是一种削足适履、本末倒置的思维，已经严重影响了农业的可持续发展。因此，未来的科技要转向为可持续农业服务，科技创要向着符合农业特点和农业发展规律的方向发展，向适合农业特点的新型生产模式方向转型。如农业机械既要考虑平原大农业服务，也要研发山地特色农业需要，既要考虑专业化耕作，更要适应多样化种植特点；肥料上既要研究新型高效化肥，也要研究新型有机肥和秸秆就地转化技术；在农业设备上既要研究无人驾驶技术，也要研究手工操作工具。要始终把可持续发展作为农业科技进步的主旋律，离开可持续农业的主题，设备和技术越先进，对农业的伤害可能越大。

后记

我生长在农村，学习的是农业，工作后研究的是农民。农民是种地的人，所以研究农民必须研究农业，思考农民与农业的关系；又因为农民居住在乡村，研究农民也必须研究乡村，思考农民、农村与农业的关系。因为自己当过多年农民，还当过生产队长，亲历了乡村改革的艰辛，目睹了农民一步步解放的历程。根深蒂固的“三农”情怀以及社会责任冲动，多年来顶住了多种诱惑，在“三农”研究这个岗位上坚持下来。不仅付出了毕生心血，也投入了深厚的情感。

退休后，在全国乡村到处行走，调研乡村问题，宣讲对中央“三农”政策的学习体会。每年近百场的报告和讲座，每次都引起在座的基层干部和农民的共鸣，他们说，受到极大启发，找到了农业发展的方向。但是，过后又很无奈，因为，必须遵从上级领导的意图。有人告诉我说，最痛苦的事情莫过于明知道错了，还要去做。究竟哪个环节出了问题？中央年年发一号文件，总书记一次次动情讲话，既清楚又明了，一次次给农民吃“定心丸”，农民总是被搅动得难以定下心来。为什么好的政策总是得不到有效执行，大有不撞南墙不回头的决心，甚至具有碰了南墙也不回头的气概。左思右想，问题出在人们对农业基本特性不了解，囿于工业化惯性思维，难以按照农业的本来面目和生态文明理念看待农业的发展。因此，在朋友们和很多学员的鼓励下，就把我多年的研究和思考用通俗的表达方式写出来，希望能引起更相关人员的思考，让农业少走弯路，因为它太重要，经不起折腾。

在编写过程中，得到了中原农民出版社汪大凯和段敬杰二位老师的支持和鼓励，没有他们坚持不懈的督促和提醒，这部书稿可能会被拖下去而不了了之。也特别感谢中国滋根创始人杨贵平老师，她听了我给农民的讲课，被农民的感动所感动，鼓励我把讲课的内容写成通俗读本，供乡村农民带头人培训做教材。因此，我就尽量按照农民能读懂的方式写成这个读本。今天，在全国抗击新冠肺炎战役正在紧张的日子里，待在家里集中精力把读本算是写完了，出版前又进行了一些补充，但是，还有很多话想说，限于篇幅，也只能点到为止。其他未尽内容以后有机会再讨论。

因是一家之言，又受专业局限，难免有以偏概全之嫌，欢迎不同学科的“三农”专家学者多提意见，经常交流，使我们对农业的认识更接近于农业的本来面目，为中国农业的健康发展提供可资借鉴的依据。

朱启臻

2021 年 2 月 15 日